APOCALIPSYS

LA REVELACIÓN DE JESUCRISTO

DRA. ANA MÉNDEZ FERRELL

Ministerio Voz de La Luz

AGRADECIMIENTO Y DEDICATORIA

Quiero agradecer, por medio de este libro, a mi Padre Celestial, a Jesucristo y al Espíritu Santo, por haberme dado el privilegio de entrar en las dimensiones de Su presencia, para recibir las revelaciones que aquí escribo.

Es a mi Dios, en sus tres personas, a quién también lo dedico.

ORACIÓN

Oro que los ojos del entendimiento sean abiertos a todos los que lean este libro, y que puedan reconocer y glorificar a Jesucristo en la Revelación de Su Reino.

Ministerio Voz de La Luz

APOCALIPSYS - LA REVELACIÓN DE JESUCRISTO
2012, 2016 © Dra. Ana Méndez Ferrell

Derechos reservados. No se autoriza la reproducción de este libro ni de partes del mismo en forma alguna, ni tampoco que sea archivado en un sistema o transmitido de manera alguna ni por ningún medio -electrónico, mecánico, fotocopia, grabación u otro- sin permiso previo escrito por el autor.

Todas las referencias bíblicas han sido extraídas de la traducción Reina Valera, Revisión 1960 a menos que se indique lo contrario.

Categoría: Reforma

Publicado por: Voice of The Light Ministries
P. O. Box 34 18
Ponte Vedra, Florida, 32004
Estados Unidos de América

www.vozdelaluz.com

www.voiceofthelight.com

ISBN 978-1-933163-88-8

Índice

Prólogo Apóstol Rony Chaves   7
Comentario Apóstol Fernando Orihuela   9
Comentario Profeta Kevin Leal   13

Sección I

1. Mi Experiencia en Patmos   19

2. El Dilema de la Interpretación   29

3. La Esencia del Apocalipsis   37

4. Abriendo el Entendimiento   47

5. Las Dos Grandes Eras   53

Sección II

6. Cielos Nuevos y Tierra Nueva   69

7. La Obra del Mesías en la Primera Venida   81

8. El Tabernáculo de Dios y la Nueva Jerusalén   97

9. La Esposa del Cordero   115

10. Babilonia, La Gran Ramera   127

11. La Victoria sobre Babilonia   139

12. El Reinado del Mesías	157
13. La Morada de Dios en las Nubes	167
14. Recibiendo al Señor en las Nubes	181
15. La Suprema Corte del Cielo	195
16. Los Juicios de Dios	211

Sección III

17. La Gran Tribulación	231
18. La Bestia	235
19. Los Tiempos en el Apocalipsis	243

Sección IV

Instrumento 1	253
Instrumento 2	265
Instrumento 3	271
Instrumento 4	291

Prólogo

APÓSTOL RONY CHAVES, COSTA RICA

En mis treinta y cinco años de Ministerio para el Señor, muchos Ministros apreciados y de correcto testimonio me han pedido que les escriba el prólogo de uno de sus libros o un comentario sobre el mismo. Ellos nunca me pidieron hacer tal cosa porque pensaban que yo estaba de acuerdo en todo lo que escribieron, sino porque pensaron en que mis años de servicio al Dios Todopoderoso me habían dado la madurez, la honestidad y la autoridad para sugerir alguna revisión de temas, para escribir con libertad sobre el libro y para evaluar con honestidad el material en lo concerniente a los temas tratados por el escritor.

A lo largo de todos estos años de Ministerio esta petición de mis amigos no solamente me enriqueció espiritualmente al leer y analizar el material, sino que también me permitió reevaluar conceptos y enseñanzas propias, ya fuera para cambiarlas con humildad o para reforzarlas por no aceptar la postura del escritor.

Cuando recomiendo un libro como éste, no lo hago necesariamente porque esté de acuerdo en todo lo escrito, sino porque considero importante estudiar el tema con profundidad, ya sea para replantearse los conceptos escatológicos y de Reino que es necesario predicar hoy, o para reafirmar lo que cada uno cree, aunque sea diferente a cómo lo aborda el que escribe.

El tema de este nuevo libro de la Dra. Ana Méndez no nos dejará sin revisar nuestras creencias de "los tiempos del fin". Tendremos que estudiar, orar y consultar mucho.

Nos hará pensar, analizar, leer e investigar de dónde procede todo lo que hemos creído y sostenido sobre el tema por años.

Estoy seguro que de este análisis exhaustivo y honesto todos saldremos enriquecidos y fortalecidos para seguir edificando apostólicamente la Iglesia, y para seguir trabajando con más fuerza por el establecimiento del Reino de Dios en las naciones de la Tierra.

Todo líder serio y responsable en la Casa de Dios, debe no solamente leerlo, sino también estudiarlo, investigarlo y analizarlo.

Es bajo esa relación de honestidad de Ministros amigos que Ana me escribió: *"Creo que es un libro importante para este año que se habla tanto del tiempo del fin. Creo que los Apóstoles deben ser una punta de lanza teológica para revisar una cantidad de cosas que le impiden a la Iglesia entrar en su plenitud. Quizás puedas animar a la gente a no contender sobre estos temas ni a dividirnos, si no a replantearnos por qué creemos en la forma en que creemos. Necesito tu apoyo, entendiendo que si no estás de acuerdo conmigo en todo, está bien. En estos temas quién va a tener la última palabra".*

Es bajo esa misma honestidad con que Ana me escribe, que te animo, querido lector, a leer este libro, a analizarlo y a estudiarlo profundamente.

Comentario

TIEMPO DE REPLANTEAMIENTO APOSTÓLICO "EN POS DE UNA NUEVA REFORMA"

APÓSTOL FERNADO ORIHUELA, BOLIVIA

La iglesia que va en pos de una reforma, necesita replantearse lo que cree y el "por qué" cree lo que dice creer.

Durante la historia de la iglesia, sin duda se ha presentado tiempos en los cuales algunos puntos doctrinales se consideran "intocables" y fuera de todo tipo de juicio o discusión. Los primeros hermanos se hallaban divididos en cuanto al bautizo del Espíritu Santo sobre los gentiles. La mayoría de ellos – gracias a la influencia de los hermanos de Jerusalén – pensaban de que los griegos, romanos, y otros tantos prosélitos del mediterráneo y Asia, no podían ser llenos de esa hermosa bendición. Unido a ese pensamiento, estaba el hecho de que se extendió el concepto de que los no judíos que habían profesado su fe en Cristo, deberían circuncidarse y aun practicar algunas normativas judías, propias de la ley y del antiguo pacto.

Fue en la comunidad de Antioquía –núcleo de la iglesia pionera – donde llegaran judíos creyentes en Jesús, que se escandalizaron al ver que los miembros conversos no habían sido circuncidados ni cumplían otros preceptos de las leyes judías. Por esta razón, los discípulos de esa ciudad encomendaron a Pablo y Bernabé junto a "algunos de ellos" a acudir hasta Jerusalén para resolver definitivamente esta difícil situación.

Fue en el Concilio de Jerusalén donde se trató este y algunos otros puntos de fe, dando lugar a la primera reunión normativa de la Iglesia cristiana primitiva (hacia el año 50 d. C.), según se relata en el capítulo 15 de los Hechos de los apóstoles. La resolución del mismo fue transversal y abarcó a todos los grupos de creyentes; *"Que hemos decidido el Espíritu Santo y nosotros no imponeros más cargas que éstas necesarias: Abstenerse de lo sacrificado a los ídolos, de la sangre, de lo ahogado y de la fornicación. Haréis bien en guardaros de estas cosas." Hechos 15:28-29*

No siempre fue tan fácil definir puntos en conflicto; es conocida la controversia que sostuvo John Wesley con la iglesia de Inglaterra con respecto al Bautismo del Espíritu Santo y la santificación instantánea a mediados de los 1700. Sin duda, no se logró ninguna conciliación y el quiebre entre ambas posiciones fue la conclusión anticipada por todos los pensadores de la época. Fruto de esa crisis, nació la iglesia Metodista separada de la iglesia Anglicana hasta el presente.

Hoy día, la iglesia disfruta beneficios que hace apenas doscientos años no tenía. A fines de 1700 miles de niños deambulaban por las calles de Gloucester, Inglaterra, hambrientos, sucios y sin educación. El final de la época victoriana dejó una cantidad de desempleados tan grande que familias íntegras tuvieron que buscar trabajos que les ayudasen a sobrevivir.

Fue en medio de esa situación, cuando Roberto Raikes en 1785, empezó a reunir a los niños que vagaban sin destino por las calles de su ciudad los días domingos, después de una semana de trabajo. Su objetivo era utilizar el evangelio como instrumento de enseñanza y mejoramiento de vida. Por más de veinticinco años, levantó "escuelas dominicales" formando niños que tuvieran mejores aspiraciones de vida y que pudieran conocer a Jesucristo como su salvador. Curiosamente, fue la misma iglesia la que se opuso tenazmente a ésta misión. Se levantó una persecución tan grande contra el ministerio que Raikes desarrollaba que aún, se intentó aprobar una ley en el parlamento inglés que prohibiera la existencia de la Escuela Dominical. En menos de cincuenta años ya habían centenares de iglesias usando el modelo creado por Raikes con mas de 400.000 niños alcanzados. Hoy día, más de doscientos años después, nadie duda que este ministerio ha sido una efectiva herramienta de trabajo en la iglesia moderna. Simplemente que su inicio no fue tan sencillo.

Uno de esos delicados puntos en conflicto hasta el día de hoy es sin duda el tema de la escatología bíblica. Creo con mucha seguridad que no hay otro punto doctrinal en la actualidad con mayor número de aristas y posiciones encontradas. Lo que muy poca gente creyente sabe es que no siempre este tema fue sujeto de tanta controversia.

La primera razón por la que apoyo el material escrito por la profeta Ana Méndez Ferrell, es porque más allá de lo acertada o equivocada que estén sus conclusiones, ha tenido la valentía de poner en la mesa de discusión, una de las "vacas sagradas" más respetadas de la tradición evangélica.

La segunda, es porque la iglesia que va en pos de una reforma, necesita replantearse lo que cree y el "por qué" cree lo que dice creer. Ciertamente el libro del Apocalipsis es uno de los menos comprendidos por la iglesia actual y necesitamos una exégesis nueva de este precioso material.

La tercera razón, es porque conozco de cerca a la autora, y sé que ella hace sólo lo que tiene la absoluta convicción de que Dios le está diciendo hacer, y únicamente eso, me lleva a respetar su trabajo y a considerarlo seriamente, buscando encontrar la revelación que quizás por alguna razón, no la hemos visto con anterioridad.

Estoy seguro, que si nos acercamos al presente material con humildad y apertura de espíritu, Dios nos hablará. Quizás no termine aclarando todos los vacíos doctrinales de los eventos futuros, pero sin duda, provocará una reflexión que desde todo punto de vista, la iglesia requiere más que nunca.

COMENTARIO
PROFETA KEVIN LEAL, PENSACOLA FLORIDA

Eliseo se paró a la orilla del río Jordán, sosteniendo en las manos, el manto de su mentor, teniendo fresco el recuerdo de ese poder que vio en él, con sus propios ojos.

Valientemente se lanzó a ejercer su fe en el Dios de su mentor; pero ¿cómo encontrar al Dios de Elías para continuar con el legado que le había sido entregado?.

Nada es más difícil que tratar de explicar la realidad de una experiencia espiritual del reino que uno no ha experimentado. La tradición y el *status quo*, a menudo, nos ciega para que no veamos la realidad actual del Reino de Dios y, esto nos sucede, aún a los más preparados de entre nosotros.

En este libro, Ana Méndez Ferrell, señala que la realidad del Reino de Dios no es algo sólo para el futuro, sino para el ahora. La expresión del Reino en los evangelios y en el libro de los Hechos, nos muestra la discrepancia que existe entre lo que ellos consideraban vivir en el reino y lo que nosotros concebimos acerca de éste en nuestros días.

Oro a Dios para que lea este libro con "nuevos ojos".

SECCIÓN I:

EL APOCALIPSIS,
VISTO DESDE LA PERSPECTIVA PROFÉTICA DEL REINO DE DIOS

Dra. Ana Méndez Ferrell

Interpretar el libro de Apocalipsis ha sido uno de los grandes retos de los teólogos de todos los tiempos y si lo tratamos de analizar como símbolos y hechos precisos, necesariamente entraremos en el terreno de lo especulativo.

Lo que estás por leer es diferente a todo lo que se ha escrito en cuanto a este precioso documento profético que Juan nos dejó. Mi intención en esta obra, es poder extraer las verdades espirituales que nos conducen a la bienaventuranza prometida a los que lo leen y guardan sus mandamientos. Estamos en un tiempo clave para entender este libro. Dios está sonando su trompeta fuertemente desde los cielos y es tiempo de hablar.

Escribo como profeta de Dios y en el entendimiento que en parte conocemos y en parte profetizamos. No es mi intención tener la última palabra en este asunto, sino darte una luz nueva y diferente proveniente del cielo para que veas el Apocalipsis con nuevos ojos. En 1999, Dios me llevó a la Isla de Patmos, donde Juan escribió el Apocalipsis.

Por cuatro días enteros fui arrebatada al corazón de Dios para ver y entender cosas que Dios quiere revelarnos en este tiempo. En esa dimensión las cosas se ven de forma diferente porque es el ámbito eterno donde Dios es.

En este estudio no pretendo analizar el Apocalipsis frase por frase sino ver desde la perspectiva del Reino de Dios los grandes principios y los grandes temas de esta profecía; estos nos llenarán de luz para leerlo con entendimiento celestial.

Cuando tocamos temas proféticos, no es para contender, ni para dividirnos aún más. Lo que quiero es provocarte a orar, a pensar, y a investigar en Dios. Darte herramientas para que llegues a tus propias conclusiones. Si al leer este libro hay cosas en que no estás de acuerdo en primera instancia, tenme un poco de paciencia porque voy a ir elaborando tema por tema y abriendo tu entendimiento.

Habrá cosas que te van a desafiar, otras que van a provocar que te metas con Dios a orar y a inquirir. Encontrarás conceptos que revolucionarán la forma en que piensas y concibes la profecía del fin de los tiempos. Entiendo también que habrá partes en que tu forma de pensar será diferente a algunas cosas que aquí escribo y eso también está bien. Pero lo que estoy absolutamente segura es que nunca más serás igual, ni concebirás el reino de Dios de la misma manera al terminar de leer estas páginas.

Tu cristianismo se tornará maravilloso y conocerás a Dios como nunca antes lo habías conocido.

1 MI EXPERIECIA EN PATMOS

Era el mes de Septiembre cuando llegué a la Isla. Dios me había mandado para allá sola, ya que Él tenía un plan y un encuentro conmigo que cambiaría mi vida por completo.

La Isla se mantenía prácticamente virgen. El pequeño puerto de Scala da la bienvenida a los turistas, pero más alla de éste, sólo existen unos cuantos caseríos por aquí y por allá. Hay también un pequeño monasterio en la cima de la montaña y un antiguo templo en ruinas dedicado a Apolos, además de una carretera rudimentaria que conecta los pequeños poblados de pescadores.

Desde que llegué pude sentir la presencia de Dios como en los tiempos en que estuvo ahí el apóstol Juan. Era como si el lugar estuviera detenido por el tiempo. A la orilla del mar hay una pequeña casita de piedra que los nativos han ido preservando y que se la adjudican a la vivienda del discípulo amado. Junto a ésta hay una piedra grande, donde los oriundos dicen que ahí era donde él bautizaba.

Aunque Juan fue enviado a Patmos como prisionero, la isla estaba habitada por un una pequeña población de adoradores de Diana y Apolos, y estaba gobernada por un brujo llamado Kynops que sometía en terror a todos los habitantes y hacía grandes prodigios.

La llegada del evangelio del Reino produjo una tremenda confrontación con los poderes de la "reina del cielo" y la hechicería, que culminó en un evento que marcó la historia de la isla. Fue una especie de embate como el de Elías contra los sacerdotes de Jezabel en el monte Carmelo.

"Estaba la multitud reunida cuando Kynops dijo: ¡Mirad lo que hago! Entonces se sumergió en las aguas de la bahía. En ese momento Juan se arrodilló y oró al Dios del cielo y hubo un gran ruido que provino de las aguas. Luego, las olas se calmaron pero el mago nunca más retornó". (Narración de Próforo sobre la historia de Kynops)[1]

Tras este sorprendente hecho, los habitantes de Patmos se entregaron a Cristo Jesús y fueron bautizados, y en honor a este acontecimiento, los Patmenses hicieron un retablo en mosaico conmemorando ese momento histórico.

Retablo del Apóstol Juan venciendo al hechicero Kynops en Patmos.

Como mencioné anteriormente, desde que llegué ahí tuve la sensación de no estar más en nuestro tiempo. Algo en el aire estaba mezclado con una dimensión eterna, atemporal. Así que me instalé en una pequeña pensión y renté una motoneta para moverme por la isla y buscar el lugar donde el Espíritu Santo me dirigiera.

La primera tarde estuve en la cueva donde Juan recibió la revelación del Apocalipsis, que se encuentra en medio de un hermoso y virgen bosque en la cima de uno de los tres volcanes que conforman la geografía de la isla. Poco antes de llegar a la cueva misma hay una piedra grabada con la Escritura de Apocalipsis 1:

> *Yo Juan, vuestro hermano, y copartícipe vuestro en la tribulación, en el reino y en la paciencia de Jesucristo, estaba en la isla llamada Patmos, por causa de la palabra de Dios y el testimonio de Jesucristo. Yo estaba en el Espíritu en el día del Señor, y oí detrás de mí una gran*

voz como de trompeta, que decía: Yo soy el Alfa y la Omega, el primero y el último. Escribe en un libro lo que ves, y envíalo a las siete iglesias que están en Asia: a Efeso, Esmirna, Pérgamo, Tiatira, Sardis, Filadelfia y Laodicea. Y me volví para ver la voz que hablaba conmigo; y vuelto, vi siete candeleros de oro, y en medio de los siete candeleros, a uno semejante al Hijo del Hombre, vestido de una ropa que llegaba hasta los pies, y ceñido por el pecho con un cinto de oro.

Su cabeza y sus cabellos eran blancos como blanca lana, como nieve; sus ojos como llama de fuego; y sus pies semejantes al bronce bruñido, refulgente como en un horno; y su voz como estruendo de muchas aguas.

Tenía en su diestra siete estrellas; de su boca salía una espada aguda de dos filos; y su rostro era como el sol cuando resplandece en su fuerza. Cuando le vi, caí como muerto a sus pies. Y él puso su diestra sobre mí, diciéndome: No temas; yo soy el primero y el último; y el que vivo, y estuve muerto; mas he aquí que vivo por los siglos de los siglos, amén. Y tengo las llaves de la muerte y del Hades.

Apocalipsis 1:9-18

Cuando la estaba leyendo, el Espíritu Santo vino sobre mí. Mis ojos se llenaron de lágrimas y empece a temblar. Estaba pisando el mismo lugar donde Jesús se manifestó en Su gloria y esa presencia aún seguía ahí. Caminé lentamente hacia la cueva. No había nadie adentro. Pese a que los ortodoxos griegos la habían contaminado poniendo algunos íconos, la presencia de Dios era tan fuerte que las imágenes se volvieron como humo sin ningún poder.

Me quedé un momento ahí y luego salí al bosque donde la mano del hombre no había estropeado el lugar. Me senté bajo los árboles y empecé a adorar. El lugar se fue llenando como de una presencia intensa de ángeles y luego, ante mis ojos abiertos, vi la puerta en el cielo. La misma que vio Juan. Era de un azul profundo, en medio del claro cielo de verano, y alrededor vibraba una luz celestial. Me quedé paralizada, en éxtasis, y oí la voz como de trompeta de Dios que me dijo: ¡sube acá!

Al instante, el Espíritu me arrebató como una mano invisible y gigante, y aparecí 2000 años atrás delante del monte Calvario en el momento de la crucificción. Ahí, algo extrañísimo sucedió, era como que el Apóstol Juan y yo eramos la misma persona. Vi mi cuerpo, y era el de Juan; mis pensamientos y mis emociones ya no eran las mías, sino las de Él. Estaba sintiendo exactamente lo que él sintió al estar viendo a su amado colgando del madero.

Mi corazón estaba deshecho, o el de él, no lo sé. Ambos éramos uno y el mismo. Veía a Jesús colgado del madero y me dolían todas Sus llagas en mi propio cuerpo. Veía Su rostro golpeado y deformado, y quería abalanzarme sobre Él y limpiar con besos de amor la Sangre que escurría por Sus mejillas. Él me miraba a los ojos. Los Suyos estaban casi cerrados por la hinchazón, y cristalinos por la muerte que empezaba a invadirlos. Aún así, me miraba y me llenaba de Su amor.

De Sus ojos salían palabras silenciosas que me decían, "gracias por estar conmigo en mi dolor, gracias por no dejarme solo. El Padre y el Espíritu se han distanciado por causa del pecado que esta sobre mí. Tu amor me da fuerzas amado. Quédate conmigo hasta el final." "¡Sí! ¡Sí!" gritaba mi corazón, o el de Juan, no lo sé, era como estar mezclada con él.

De pronto se empezó a estremecer el cuerpo del Señor, y un grito profundo y ahogado salió de Su boca. Sentí que me traspasaban. "¡Mi amado, mi amado, no te vayas!", gritaba mi alma.

El grito de Su muerte resonaba en mis adentros, como una campana ensordecedora que se había impreso en mi alma y no podía dejar de oír.

La tierra empezó a temblar y los cielos se oscurecieron, había confusión por todas partes. Se oían gritos y yo estaba paralizada, como Juan. Estaba viviendo todo lo que Juan sintió. Mis ojos estaban clavados en Jesús, no podía creer que mi amado estaba ahí…. Muerto.

El ruido de las armaduras del ejército romano me hizo volver en mí. Con violencia y sin ninguna misericordia se acercaron a los dos ladrones colgados y les rompieron las piernas. Pero cuando llegaron a Jesús, como le vieron ya muerto, se detuvieron. Uno de los soldados me quedó mirando con desprecio y luego se dio la vuelta, y con la lanza atravesó el corazón de mi amado. Ahí, delante de mí, vi abrirse el corazón de Jesús y sangre y agua salieron de Su costado. El mismo Juan dijo, "soy el que da testimonio de esto".

Mientras yo miraba la herida en el costado, el corazón de Jesús se transformó en el corazón del Padre. De pronto ví como una puerta que se abría en el gigantesco órgano vital y el Espíritu me arrebató al interior. Adentro era como un tabernáculo de paredes de carne. Había un atrio, un lugar Santo y un lugar Santísimo.

Ahí pasé cuatro días completos. Cada una de las partes de este impresionante lugar estaba lleno de heridas, de rasgaduras. Eran diferentes y de distinta intensidad. Estas eran las marcas de dolor que van quedando grabadas en el corazón del Padre por causa del pecado.

El pecado desgarra Sus adentros en una forma dolorosísima.

Ahí dentro, había pecados que afectaban los atrios, otros el lugar Santo y otros, donde vi las llagas más grandes, llegaban hasta el lugar Santísimo. Durante los días que pasé ahí, el Señor me habló de cada una de Sus heridas.

Pasé mucho tiempo en el lugar Santísimo, ahí el dolor era de lo más intenso. Le pregunté al Espíritu Santo qué eran estas heridas, qué clase de pecados tan horribles llegaban a hacer un daño tan profundo dentro del corazón del Padre.

Me dijo: "Estos son los pecados contra el amor, en cualquiera de sus formas; divisiones, odios entre los hermanos, calumnias, traiciones, críticas, cuando se atacan y destruyen los unos a los otros, cuando llenos de celos se persiguen, cuando aniquilan al caído y se aborrecen entre vosotros". "Estos son los pecados que más hieren al Padre", añadió.

Entonces, Dios me mostró la impresionante santidad del amor. Dios es amor. Y Su amor es deslumbrantemente santo. Esta santidad emana de Su mismo corazón y es el lugar Santísimo en sí mismo.

Era una gloria reverentísima la que tuve delante de mí, mientras Su amor me rodeaba y me consumía como un fuego de intenso poder, que me llenaba como una gigantesca ola de vida, de gracia y de misericordia. Era impresionantemente puro, sagrado, infinitamente sagrado. Era el corazón de Dios. Como una verdad que se imprimía en mi espíritu, el Señor me hablaba del lugar Santísimo, del corazón de Dios. Este es el lugar de la comunión completa, plena, de más profunda intimidad entre Dios y el hombre.

Es donde la plenitud diseñada para llenar nuestro corazón encuentra Su más alta manifestación; es ahí donde se encuentra la total y perfecta unión con Dios.

Es donde el Espíritu de Dios se une con el espíritu del hombre para hacernos uno con Él.

Entonces, oí una voz que salía de en medio de esa santidad gloriosa y me decía: "Mi amor es santo, y no hay posibilidad de santidad fuera de mi amor".

La santidad no es un asunto de conducta religiosa. Es un asunto de amar, de fundirnos con Dios. De dar la vida por los demás, como Él dio la vida por nosotros. Es amar desde el glorioso sacrificio de la cruz, donde se encuentra la total negación del "yo", para que se pueda expresar el amor que todo lo da por los demás. Entre más nos mezclamos en esa esencia gloriosa entre nuestro espíritu y Su Espíritu; entre más dejo de ser "yo" para convertirme en "nosotros", amándolo a través de amar a mis semejantes; más me acerco a Su santidad.

Los pecados contra el amor, en cualquiera de sus formas, tocan la parte más delicada y sensible del corazón del Padre. El amor no es una opción. Fuera de él, solo hay densas tinieblas y es terriblemente doloroso como herimos a Dios.

Y ésta es la Palabra que Jesús nos dio para que fuese guardada:

> *Un mandamiento nuevo os doy: que os améis unos a otros; como Yo os he amado, que también os améis unos a otros. EN ESTO CONOCERÁN TODOS QUE SOIS MIS DISCÍPULOS, SI TUVIEREIS AMOR LOS UNOS CON LOS OTROS.*
>
> *Juan 13:34-35*

¿Podrá acaso un mundo perdido y necesitado de amor, un mundo que grita en su soledad y en sus horribles vacíos, vernos como discípulos de Cristo, cuando hay tanto egoísmo, tanta división, y tanto enjuiciarnos y criticarnos los unos a los otros?

¿Tendremos acaso el valor de ver la verdad y clamar para entender el más alto concepto del universo, el amor de Dios, que es mucho más grandioso y profundo de lo que nos podemos siquiera imaginar?

La revelación se encuentra en la luz, y la luz emana de Su amor. A mayor amor, mayor revelación.

La experiencia dentro del corazón de Dios la he narrado en sus diferentes mátices en varios de mis libros, donde el tema amerita entrar en ese conocimiento, pero lo que viví y entendí tras esa puerta celestial requiere varios libros2 más y este es uno de ellos.

Dios me permitió ver Su trono, Su corte de Justicia, y las miríadas de ángeles que interactúan con la Iglesia como nuestros consiervos del Señor.

En el cielo, las dos dimensiones están unidas, cuando adoramos o intercedemos nos hacemos visibles en Su dimensión eterna. Millones, de toda lengua y nación, emergen frente al trono y son bañados de Su gracia y de Su favor.

Jesús mismo es la ciudad celestial de donde fluye el manantial de la vida que nos nutre y nos da vida. Estuve parada en el esenario mismo del Apocalipsis, el cual es la revelación más grande de Jesús como Rey de reyes, y nuestro manual de gobierno. Es la revelación de la dimensión profética en que le conocemos a cara descubierta y somos introducidos al entendimiento de los misterios de Su reino.

Notas

[1] La Isla llamada Patmos pg. 147 (The Island called Patmos). William Edgard Geil. Harvard University. Library 1896.

[2] "Sentados en Lugares Celestiales" y "Comed de mi Carne y Bebed de mi Sangre". Dra. Ana Méndez Ferrell, Publicados por Voice of The Light Ministries

2 EL DILEMA DE LA INTERPRETACIÓN

1.-LOS TIEMPOS EN QUE VIVIMOS.

¿En qué tiempo estoy viviendo?, ¿Qué espera Dios de mí en cuanto a la generación en la que vivo? ¿Qué estoy haciendo en este mundo?. Estas son preguntas básicas cuya respuesta está basada en lo que te haz determinado a creer acerca del fin de los tiempos.

Lo que creamos acerca de este tema, nos moldea y nos hace tomar decisiones vitales. Si todo se acabará en los próximos años, lo lógico es que planeé mi vida a corto plazo. Por otro lado, si no es así, me proyectaré para dejar una herencia a mis hijos y a mis nietos.

Si creo que Jesús reinará con sus santos, y sólo después de su segunda venida, entonces sólo aspiraré a las bendiciones de su reinado hasta ese entonces. Pero si creo que Su reino está ya entre nosotros y que Él ya está reinando con Sus santos, entonces haré lo que sea para asirme de todo lo que eso implica, ahora.

Luego, tener claridad y veracidad en cuanto a los tiempos determina mi propósito y mi forma de vivir, lo cual lo hace imperativamente importante.

Apunta a lo que puedo tener de parte de Dios hoy por hoy, o si debo vivir tan sólo esperando en el futuro sin realmente recibir nada o muy poco mientras estoy vivo.

Yo llegué a la conclusión de que si mi vida y mi destino dependen de cómo entiendo este tema, me es relevante y es mi responsabilidad buscar la verdad en la Biblia y meterme con Dios de tal manera que Él me dé las respuestas; y ésta es mi exhortación a todo aquel que ame la verdad.

Hoy nos encontramos en medio de una ola de terror que se está desatando en cuanto a que se aproxima el fin del mundo. Oímos por todos lados que la tierra será destruida, unos hablan del rapto de la Iglesia, otros piensan que es una interpretación errónea de las Escrituras. En fin, el mundo se hunde en dudas y temores y la Iglesia se esfuerza por entender la verdad, unos basados en las enseñanzas tradicionales y otros en lo que Dios le está mostrando a los profetas de hoy.

Tras mi experiencia en Patmos muchas cosas que yo pensaba, porque así me las habían enseñado, cambiaron por completo. El ver las verdades del Apocalipsis desde la perspectiva celestial cambió mi vida y la forma de leer este libro.

Entiendo claramente que toda revelación debe ser confirmada con la Biblia y, por lo tanto, he pasado años orando y cerciorándome en la Palabra de las verdades impresionantes que vi y experimenté en las dimensiones del Reino de Dios.

Como profeta de Dios, siento una profunda responsabilidad sobre la generación que Dios me ha llamado a afectar y deseo entregarles, lo que considero que Dios me ha dado para ellos.

El libro del Apocalipsis es, sin lugar a duda, el libro más importante sobre este tema y el que considero el más mal interpretado en nuestros tiempos.

Dios quiere abrir nuestro entendimiento para que comprendamos sus diseños, sus caminos y sus pensamientos.

Por eso le pido que lea este libro con un espíritu abierto y humilde para entender cosas que seguramente van a sacudir mucha de su teología en cuanto a la escatología[3]. Le animo a que ore y busque conocer lo que Dios quiere revelarle a usted como hijo de Dios o como administrador de las verdades divinas. Que se questione por qué cree lo que cree en cuanto a este tema y si le es necesario hacer ciertos ajustes.

> *Entonces me dijo: Daniel, no temas; porque desde el primer día que dispusiste tu corazón a entender y a humillarte en la presencia de tu Dios, fueron oídas tus palabras; y a causa de tus palabras yo he venido.*
>
> *Daniel 10:12*

El corazón humilde y dispuesto a entender, es lo que Dios ama para revelarse a nosotros y llevarnos a las profundidades de su conocimiento y de su revelación. El Señor no quiere dejarnos en el nivel en que nos encontramos, quiere llevarnos a la estatura del varón perfecto que es Cristo Jesús, quiere que entremos en la plenitud de gloria que Él ha reservado para nosotros. Para que esto suceda hay muchas cosas conmovibles que tienen que ser sacudidas para que de esta manera lo inmortal se manifieste.

> *La voz del cual conmovió entonces la tierra, pero ahora ha prometido, diciendo: Aún una vez, y conmoveré no solamente la tierra, sino también el cielo. Y esta frase: Aún una vez, indica la remoción de las cosas movibles, como cosas hechas, para que queden las inconmovibles.*
>
> *Hebreos 12:26-27*

2.- INTERPRETACIÓN DEL LIBRO DEL APOCALIPSIS.

Muchos libros se han escrito en cuanto a este tema, todos ellos basados en la interpretación de símbolos y en base a ideas preconcebidas de la destrucción de la tierra. Esto se debe a que el significado de la palabra "Apocalipsis" está totalmente tergiversado en los diccionarios de muchas lenguas, incluidas inglés y español. Las palabras conllevan en sí mismas conceptos e ideologías que nos encausan a pensar de cierta manera y nos conectan con ciertas partes del cerebro.

Por ejemplo, si escucho la palabra "hermosura", necesariamente pensaré en algo bello, agradable y placentero que se sintonizará con la parte de mi cerebro donde percibo el gozo y la alegría. Si por el contrario, escucho la palabra "aborto", pensaré en muerte, destrucción, algo que nunca pudo llegar a ser y, por lo tanto, activará el centro cerebral del dolor. La palabra "Apocalipsis" (apokalupsis) es una palabra griega que quiere decir revelación, aparición, venida, iluminación, manifestación, traer a la luz[4]. Pero está traducida en los diccionarios como: La revelación del fin del mundo, terrorífico, horrible[5].

En inglés, se interpreta como: Catástrofe monumental, destrucción total, extinción, aniquilación, muerte6.

Lo querramos o no, estas definiciones incorrectas nos han condicionado la manera de pensar e interpretar el libro del Apocalipsis como un libro de destrucción, muerte y del fin de todo lo creado. Esto ha producido que en todas las culturas siempre haya existido el concepto del fin del mundo. En cada milenio y en cada cambio de siglo, las naciones esperan el momento del fin.

Sea que Dios vaya a destruir la tierra o no, es casi imposible de discernir por la forma en que la conciencia mundial ha concebido el gran final apoteótico. Y si Dios ama la tierra y la obra de sus manos, y no la quisiera destruir, ¿quién podría creerle y embarcarse en contra de una corriente tan caudalosa del pensamiento común? Si el libro del Apocalipsis fuera por el contrario, y como su nombre lo indica, un libro de revelación, de luz y de manifestación divina, ¿Cómo lo podríamos leer de esa manera, si todo el resto del mundo lo quiere ver como algo terrible?

Por siglos, los teólogos que se aventuraron a interpretar el Apocalipsis, no tenían las herramientas de exégesis que hoy tenemos y, mucho menos, los niveles del Espíritu de Dios que han ido aumentando en la Iglesia. El ministerio profético sólo ha sido reconocido en los últimos 20 años y esto por muy pocos aunque siempre Dios ha levantado profetas. Si este libro fue analizado por eruditos que no tenían el Espíritu de la profecía ni fueron guiados por él, necesariamente tuvo que acarrear errores de interpretación.

He entendido que la única forma genuina de oír a Dios respecto de algo, es encontrando una posición totalmente neutral en cuanto a las corrientes de pensamiento masivas, las que nos pueden hacer errar aún a los escogidos.

En 1999, cuando estuve en la Isla de Patmos, fui llevada a entender muchas cosas sobre este libro. El fruto de esos días abrió mi entendimiento a muchas verdades que han tomado más de doce años en revelarse y que han crecido dentro de mí, y cuya revelación ha dado como fruto este libro sobre el Apocalipsis.

3.- CÓMO FUE ESCRITO EL LIBRO DE APOCALIPSIS.

De lo primero que me di cuenta en la isla, y apoyándome en una investigación, es que Juan escribió este libro en varias sesiones. Él iba frecuentemente a la cueva en la cumbre de la montaña y llevaba consigo a un discípulo suyo llamado Prócoro[7], quien escribía las visiones mientras Juan las narraba desde la dimensión celestial.

Cuando uno entra en esos niveles, nunca pierde la consciencia, y es posible hablar lo que se está viviendo con toda claridad, sin perder la experiencia. ¡El espíritu de los profetas está sujeto a los profetas!

EL ORDEN DEL CANON

Cuando los escritos de Juan fueron descubiertos, no estaban en orden; y cuando se hizo el Canon del Nuevo Testamento, los acomodaron como les pareció. Por eso encontramos pasajes que aparentemente están en conflicto, si tratamos de verlo en una secuencia líneal de tiempo.

El Apóstol Juan recibiendo la revelación de Apocalipsis mientras es escrita por su discípulo Prócoro.

Unos nos hablan de una aparente destrucción total del universo al abrirse el sexto sello y, finalmente, en el capítulo 22, hay un llamado a venir a la salvación. El capítulo 20 habla del Juicio final y el 22 de gente viniendo a Cristo y de los que no pueden entrar a la ciudad, la cual es Su reino. Es claro suponer que después del juicio final, ya no hay lugar para la predicación del evangelio y para los que están tratando de forzar su entrada.

Otras contradicciones a la interpretación tradicional las vemos cuando Babilonia cae en el capítulo 11, vuelve a caer en el 17 pero su sentencia es dada en el 18. Luego vemos el gran día de la ira cayendo sobre el mundo, el cielo enrollándose como pergamino en el capítulo 6 y en el 14 sale el ángel a predicar el evangelio. Si los capítulos 21 y 22 los ponemos después del Juicio, jamás vamos a entender lo que Jesús ya hizo por nosotros en su primera venida y esto es una absoluta tragedia.

Por otro lado, cuando se hizo el Canon de la Biblia en el siglo cuarto, se decidió poner este libro de revelación al final. Y queramos o no, psicológicamente este orden nos obliga a verlo como el libro del "Fin". Si lo hubieran puesto después de los Evangelios quizás lo veríamos verdaderamente como el Libro del Reino que Jesús nos dejó. Y si hubieran puesto el libro de los Hechos de los Apóstoles al final, tal vez la Iglesia seguiría llena de vida haciendo obras más grandes que las de Jesús, como Él nos lo declaró.

Notas

[3] Se denomina escatología al estudio de los acontecimientos finales en las escrituras. Esta ciencia determina no sólo las cosas que sucederán, sino también nuestra forma de ver el mundo presente, nos moldea y le da sustancia a nuestros pensamientos.

[4] Revelación: aparecer, viene, aligerar, manifestación, ser revelado, revelación. Traducción de Concordancia Bíblica Strong.

[5] Diccionario Ideológico de la lengua española, Julio Cáseres.

[6] Del diccionario americano de inglés Oxford American Writer´s Thesaurus.

[7] La Isla llamada Patmos pg. 147. (The Island called Patmos). William Edgard Geil. Harvard University. Library 1896.

3. LA ESENCIA DEL APOCALIPSIS

1.- EL TEMA PRINCIPAL DEL LIBRO: LA REVELACIÓN DE CRISTO.

El cielo es atemporal, Dios es el gran "YO SOY", el continuo presente. En el cielo podemos viajar hacia el pasado en un instante o ser trasladados miles de años en el futuro. Aunque el cielo no tiene tiempo, y tampoco es estático, ya que es impresionantemente vivo y activo.

Este libro fue escrito en lenguaje y símbolos celestiales, no terrenales. Es el manual y el legado del Reino de Dios para que gobernemos con Jesús. El tema central del Apocalipsis es "La revelación de Jesucristo". Este es el nombre del libro y también su contenido.

> *La revelación de Jesucristo, que Dios le dio, para manifestar a sus siervos las cosas que deben suceder pronto; y la declaró enviándola por medio de su ángel a su siervo Juan…*
>
> *Apocalipsis 1:1*

No es un libro sobre el fin del mundo, sino un libro **para conocer a Jesús en Su Gloria y en Su gobierno. Es un libro que está vivo en el eterno presente de Dios.**

Es un libro de gobierno y de entendimiento celestial. El Antiguo Testamento nos habla del Padre reinando sobre la tierra mientras ésta se encuentra en su estado caído.

El Padre anuncia las cosas que han de venir a través de Su hijo. El Antiguo pacto nos enseña el carácter del Padre y su trato con el hombre por medio de Israel su pueblo.

Apocalipsis, es el gobierno desde el cielo nuevo y la tierra nueva que han sido redimidos por el Mesías. Es el reinado de Cristo habiendo ya unido los cielos y la tierra en Él mismo.

Dándonos a conocer el misterio de su voluntad, según su beneplácito, el cual se había propuesto en sí mismo, de reunir todas las cosas en Cristo, en la dispensación del cumplimiento de los tiempos, así las que están en los cielos, como las que están en la tierra.

Efesios 1:9-10

Es el único libro en el cual Dios promete una bienaventuranza al leerlo, porque es un libro que nos enseña a vivir en la revelación de Jesús en Su eternidad. Es la victoria de Su Reino y las herramientas más importantes para que los santos gobiernen y juzguen junto con Él. No es un libro obsoleto, como lo asumen algunos; ni incumplido, como lo piensan otros, sino que contiene algo poderoso en cuanto a la gloria revelada de Cristo que está reservada para los que lo leen.

> *Bienaventurado el que lee, y los que oyen las palabras de esta profecía, y guardan las cosas en ella escritas; porque el tiempo está cerca.*
>
> *Apocalipsis 1:3*

¿Cuál es la bienaventuranza de esta profecía si no tiene aplicación para nuestras vidas, ahora, y para todo creyente, a través de los siglos?

2.- JESÚS DEBE SER REVELADO A CADA CREYENTE.

Esta es la revelación que Dios le dio a Juan, pero Dios se revela a cada uno de nosotros en forma única y singular según nuestro llamado y posición en el Reino.

La Iglesia debe estar fundamentada en "la revelación de Jesucristo" como afirmó Jesús a sus discípulos, cuando les preguntaba quién era Él para ellos.

> *Entonces le respondió Jesús: Bienaventurado eres, Simón, hijo de Jonás, porque no te lo reveló carne ni sangre, sino mi Padre que está en los cielos.*
>
> *Y yo también te digo, que tú eres Pedro, y sobre esta roca edificaré mi iglesia; y las puertas del Hades no prevalecerán contra ella.*
>
> *Mateo 16:17-18*

La revelación de Cristo, dada directamente por el Espíritu Santo, es lo que le da fundamento a una Iglesia que no puede ser conmovida por las puertas del infierno. De esto se trata el libro del Apocalipsis. Jesucristo se revela a Juan para darnos las llaves de Su reino y entrenarnos a gobernar y a destruir las puertas del infierno.

3.-LOS PROPÓSITOS DEL LIBRO.

a) Es el libro del Testimonio de Jesucristo y del ámbito del Espíritu.

Es el más maravilloso manual de la dimensión profética, la cual es el testimonio de Jesús. Es, además, la revelación de los planos originales desde donde fueron creadas todas las cosas. Todos los diseños del templo y sus ordenanzas en el Antiguo Pacto, fueron sólo sombra y figura de las verdaderas que están en el cielo. El Apocalipsis es el libro de la identidad de Jesús como Rey soberano del Universo.

b) La Victoria en contra de nuestros enemigos.

La esencia del libro es la gloria de Cristo revelada para desmenuzar las estructuras de Babilonia que constituyen el gobierno del diablo. Es un libro que nos enseña a vencer al enemigo, a juzgar y legislar en las dimensiones del Espíritu para cambiar el destino de nuestras naciones y que éstas se regresen a Dios.

Nos enseña, además, cómo Dios juzga desde Su Trono y las diversas formas en que lo hace. No como algo que sólo se cumple en una sola ocasión, sino la forma y los instrumentos que Él tiene para Juzgar.

Reinar significa, entre otras cosas, establecer justicia. Eso es lo que hace un Rey justo. Y nosotros hemos sido llamados a llevar el Reino de Dios y su justicia por toda la tierra.

c) Nos revela quiénes somos en Cristo.

Nos dice quiénes somos en Cristo, como reyes y sacerdotes.

Nos muestra, además, qué significa que seamos el Tabernáculo de Dios en la Tierra, la Jerusalén de arriba, la Nueva Jerusalén manifestada en el templo no hecho de manos, sino eterno en los cielos y vivo entre los creyentes. En Él entendemos la maravilla de estar casados con Cristo, no en el futuro sino ahora.

d) Nos muestra la verdadera estructura de la Iglesia.

Este es un libro que nos habla del diseño de Dios en cuanto a la Iglesia, cómo es su forma, su estructura cúbica y no piramidal así como su gran poder. Nos enseña a reconocer como los sistemas de este mundo han sido diseñados y cómo destruirlos para obtener la victoria.

e) Produce un Fruto Grandioso.

Es un libro que cambiará poderosamente tu vida, tu destino y tu forma de concebir tu Cristianismo. Interpretarlo requiere entender ciertos principios básicos en cuanto al pensamiento y al corazón de Dios, que fue lo que Dios me mostró en la isla de Patmos. Luego, explicaré estos fundamentos para que desprendamos luz y veamos los misterios que se esconden en ese maravilloso libro. Tratar de discernirlo en base a palabras, símbolos, analogías o aplicarle una cronología sólo nos conducirá al error, ya que es un libro celestial, escrito en lenguaje espiritual desde el Espíritu de Dios al espíritu de Su Iglesia.

4.-EL APOCALIPSIS, EL MANUAL DEL REINO.

a) Reyes y Sacerdotes.

El libro del Apocalipsis es nuestro manual del Reino para gobernar junto a Jesús.

Como dijimos anteriormente, no es una profecía sobre el fin del mundo, sino la Revelación de Jesucristo en Su gloria. Es un libro celestial diseñado para darnos a conocer las dimensiones del cielo y su operación en la tierra. La Iglesia nació profética para así ser la voz de Dios y ser revelada al mundo.

Jesús, una vez ascendido al Trono, se revela a Juan por medio de Su ángel para instruirlo sobre el gobierno divino junto a sus santos y darle a conocer el impresionante poder de La Iglesia.

Desde que empieza este libro, Jesús se presenta como el Soberano de los reyes de la tierra y nos anuncia nuestro rango celestial como reyes y sacerdotes. Es un mensaje para ser entendido con una mente de reino.

> *Y de Jesucristo el testigo fiel, el primogénito de los muertos, y el **soberano de los reyes de la tierra**. Al que nos amó, y nos lavó de nuestros pecados con su sangre, y nos hizo **reyes y sacerdotes** para Dios, su Padre; a él sea gloria e imperio por los siglos de los siglos. Amén.*
>
> *Apocalipsis 1:5-6*

Él nos quiere adiestrar para reinar y ser sacerdotes para Su Padre. La primera lección es que Jesús, antes de ser coronado Rey, tuvo que ser sacerdote. Esto es, el mediador entre Dios y el hombre, el que ministra y hace tangible y visible al Padre celestial. El que trae las verdades y la esencia del cielo y la manifiesta en medio de nosotros. Es el testigo fiel, porque reproduce de forma fidedigna todo lo que hace y habla el Padre.

Jesús es el Sumo Sacerdote de los bienes del siglo venidero.

> *Pero estando ya presente Cristo, sumo sacerdote de los bienes venideros, por el más amplio y más perfecto tabernáculo, no hecho de manos, es decir, no de esta creación...*
>
> *Hebreos 9:11*

Él no ministraba las cosas terrenales como los sacerdotes del Antiguo Pacto, sino las celestiales que estaban por venir a la tierra. Después fue exaltado a la gloria para reinar en ese tabernáculo no hecho de manos, sino eterno en los cielos. De igual manera, nosotros tenemos que entender nuestra misión de manifestar al Padre para que el mundo se pueda reconciliar con Él. Luego, se nos es dada la autoridad para tener dominio, como la tuvo Adán.

Esta autoridad depende de que Cristo sea revelado en nuestros corazones. La Revelación de Cristo, es decir, el libro de Apocalipsis nos otorga acceso a las llaves del reino y edifica el fundamento para que las puertas del hades no puedan prevalecer en contra de nosotros (Mateo 16:17-19).

El Apocalipsis es la revelación que Dios le dio a Juan, pero Dios tiene una para cada uno de nosotros en la que se manifestará con el mensaje y las características que necesitamos ver de Él para ejercer nuestro oficio de reyes.

Para que esto suceda, tenemos que aprender a "estar en el Espíritu" al igual que Juan. Ya que nuestro reinado es desde las esferas espirituales.

> *Yo estaba en el Espíritu en el día del Señor, y oí detrás de mí una gran voz como de trompeta...*
>
> *Apocalipsis 1:10*

Juan estaba adiestrado a oír la voz de Dios y sabía que si lo llegaba a oír, lo podría también ver. Él lo escuchaba desde su espíritu con gran expectación, sabiendo que Jesús se manifestaba a él.

Juan estaba en el Espíritu en el día del Señor. Cuando entramos en Él, nos introducimos en el Gran "Yo Soy", en el continuo presente de la presencia de Dios. Ahí deja de existir el tiempo, nuestro pasado y también nuestro futuro.

Entramos, entonces, en lo eterno de su Ser, donde el tiempo no existe, es decir, el "Día del Señor". Por eso cuando Juan dice: "estaba yo en el día de Dios", quiere decir: estaba "en el tiempo de Dios", dentro del ámbito donde Él es y donde Él se manifiesta.

b) El Espíritu de la profecía es el testimonio de Jesús. El libro del Apocalipsis es el testimonio de Jesús.

Por esta causa, no se puede interpretar desde la "tierra", sino que sólo se puede interpretar desde dentro de Él: "Estaba yo En el Espíritu". Así fue como se escribió el libro, entrando en la dimensión espiritual, en el cielo, en el ámbito de Dios. De la misma manera, cuando aprendemos a estar en el Espíritu, se nos revela Su poder para nacer y vivir en la esfera de Su dominio.

c) Es la revelación individual de Cristo en Su gloria donde radica la autoridad de la Iglesia.

Cuando el Padre revela a Simón Pedro la identidad del Cristo, esto lo conlleva a poseer las llaves del reino. Jesús le está hablando de esto mismo a Juan en el Apocalipsis. Él se muestra en Su gloria, sosteniendo las llaves de la muerte y del Hades. Luego, la revelación vívida de Cristo en tu vida te dará las llaves para gobernar

Juan, a su regreso de Patmos, confrontó los poderes de Diana de los Efesios y el templo de esa diosa cayó. También venció sobre Kynops, el hechicero, como lo vimos anteriormente.

Cuando Juan está recibiendo la revelación de Jesús en Su gloria, cae como muerto (Versículo 1:17). A muchas personas les cuesta trabajo morir a su carne y a este mundo porque Jesús nunca se ha revelado a ellos de esta manera. La verdad es que cuando esto te sucede, es tal su resplandor y el amor que emana de Él, que no quieres nada más de esta tierra, quedando marcado para siempre.

Tú tienes que verlo en toda Su gloria, viviendo y reinando dentro de tí, fundiéndose con tú espíritu y haciéndose uno contigo. Sólo muriendo a tu carne lo verás en la justa proporción de quién es Jesús en tu vida. Todo lo que Él es tiene que cautivar cada parte de tu ser. Tienes que verlo en toda su majestad hasta que caigas al suelo como Pedro, durante la pesca milagrosa, y le digas: "aléjate de mí por soy un hombre pecador". Es en esta posición que Jesús te puede enseñar a ser rey sin el peligro de que te ensordezcas.

Jesús aparece en medio de los candeleros que representan la vida de la Iglesia gobernada por el Espíritu Santo. Él está en el centro, está en perfecto control y dominio. Sostiene en su mano derecha a los ángeles de las siete iglesias, dando a entender que están cimentadas en Su autoridad.

Es en esta posición desde donde Él revela toda la dimensión de Su reino. El cielo no se puede interpretar, tiene que revelarse a nosotros. Y es ahí donde está la diferencia para conocer las verdades de Apocalipsis. El Apocalipsis está basado en la profecía del Antiguo Testamento, revelada desde el cielo por el mismo Espíritu de la profecía, el cual es Jesús, quién es el ancla segura de nuestro entendimiento.

4 ABRIENDO EL ENTENDIMIENTO

1.- EL PODER DE LAS IDEAS PRECONCEBIDAS.

En el tiempo en que Jesús vino a la tierra, tanto los Escribas, como los Doctores y Sacerdotes, todos ellos eruditos de la ley, fallaron en reconocer la venida del Mesías. La razón, es que habían estudiado tanto las escrituras anteponiendo sus ideas preconcebidas a la revelación de Dios, que teniendo al Hijo de Dios en frente de ellos, no lo podían ver como tal.

Estaba tan enraizada en sus mentes la idea de que el Mesías vendría en un carro de fuego del cielo, como se fue Elías, que cuando nació en un pesebre, en Belén, hijo de un carpintero, les fue imposible creerlo. Simplemente, no encuadraba con sus teologías.

Un niño concebido por una virgen fuera del matrimonio, ¡qué locura tan grande! Ellos esperaban un Rey que derrotara a los Romanos y se sentara en el trono de David, en la Jerusalén terrenal. Pero este Jesús no venía a sentarse en ningún trono de esta tierra, Su reino no era de este mundo. Ellos estaban confundidos, querían a toda costa un reino aquí, no en una dimensión desconocida.

> *Entonces Pilato volvió a entrar en el pretorio, y llamó a Jesús y le dijo: ¿Eres tú el Rey de los judíos? Respondió Jesús: Mi reino no es de este mundo; si mi reino fuera de este mundo, mis servidores pelearían para que yo no fuera entregado a los judíos; pero mi reino no es de aquí. Le dijo entonces Pilato: ¿Luego, eres tú rey? Respondió Jesús: Tú dices que yo soy rey. Yo para esto he nacido, y para esto he venido al mundo, para dar testimonio a la verdad. Todo aquel que es de la verdad, oye mi voz.*
>
> *Juan 18:33 y 18:36-37*
>
> *Preguntado por los fariseos, cuándo había de venir el reino de Dios, les respondió y dijo: El reino de Dios no vendrá en forma visible, ni dirán: Helo aquí, o helo allí; porque he aquí el reino de Dios está entre vosotros.*
>
> *Lucas 17:20-21 traduccion literal*

Esta verdad no la pudieron resistir, para ellos el Mesías que tenía que venir, era el rey que los salvaría y reinaría en el trono físico de David. No podían concebir un reino invisible y, por lo tanto, lo crucificaron.

Ahora, esto me pone a pensar con gran detenimiento, por qué los teólogos del Israel de aquellos tiempos, que eran grandes estudiosos, meticulosos en las comas y las tildes, fallaron. Una tradición de cuatro mil años de herencia escritural fracasó en discernir la profecía. ¿Por qué? Porque tenían todo tan prefigurado, que cuando Dios hizo las cosas a Su manera y no a la de ellos, no pudieron cambiar su forma de pensar. Dios tuvo que recurrir a unos magos gentiles del Oriente, a unos pastorcitos que velaban en las vigilias de la noche y a los pocos allegados a la familia de José y de María.

Ellos no eran grandes teólogos ni escribas, ni doctores, sino gente sencilla que podía creer al ver el cielo abierto y a los ángeles hablándoles (Lucas 2:8-14).

Dios siempre busca a los sencillos de corazón, a los que son capaces de cambiar de paradigmas porque Él se está revelando. A los que reconocen delante de Él que no saben todas las cosas, que si bien Dios nos está llevando de luz en luz y de gloria en gloria, necesariamente habrá cosas que se nos revelarán en forma diferente a lo que creíamos antes y, por lo tanto, necesitamos capacidad espiritual para hacer ajustes. Hay verdades inmutables en nuestra fe, pero hay otras que se van adaptando al nivel de luz que recibimos hasta que lleguemos a la estatura del "Varón Perfecto".

Bienaventurados los de limpio corazón, porque ellos verán a Dios.

Mateo 5:8

Siento que nada es más peligroso que aferrarse a una interpretación profética y decir: "Esto es así y de aquí no me muevo". ¿Qué nos hace pensar que nosotros somos incapaces de equivocarnos cuando los grandes Escribas y Doctores de la ley fallaron tan rotundamente? Ellos estaban sinceramente equivocados, porque sus teologías, sus tradiciones e ideas preconcebidas eran más importantes para ellos que Dios mismo.

2.- JESÚS NOS ABRE EL ENTENDIMIENTO.

Pero, no sólo los Escribas y Doctores de la ley fallaron en entender las escrituras, sino que llegó un punto en que, aún los discípulos de Jesús, se toparon con una pared y tampoco tuvieron entendimiento. Después de vivir con Él tres años y ver todas sus maravillas, Jesús tuvo que abrirles el entendimiento para que comprendiesen las escrituras. El tiempo que pasaron con Él, y su discipulado y entrenamiento, no les otorgó la facultad para entenderlas.

Después de la resurrección, Jesús se apareció a dos de sus discípulos, en el camino a Emaús, y ahí fue donde estaban los demás reunidos. Ninguno de ellos le reconoció en su cuerpo incorruptible sino hasta que partió el pan y sus ojos fueron abiertos.

> *Y les dijo: Estas son las palabras que os hablé, estando aún con vosotros: que era necesario que se cumpliese todo lo que está escrito de mí en la ley de Moisés, en los profetas y en los salmos. Entonces les abrió el entendimiento, para que comprendiesen las Escrituras...*
>
> Lucas 24:44-45

Aquí vemos dos cosas impresionantes. La primera, es que Él les abre el entendimiento para entender las escrituras y, la segunda les revela que TODO LO QUE ESTÁ ESCRITO DE ÉL EN LA TORAH, EN LOS SALMOS Y EN LOS PROFETAS, SE HABÍA YA CUMPLIDO.

Es importante entender que Jesucristo, como el Mésias de Israel vino a cumplir todo lo que estaba escrito. Jesús en la carne, es el el fin del Antiguo pacto.

El es el cumplimiento de toda la Justicia y de toda la ley. Su ministerio terrenal fue unicamente a los Judíos, no a los gentiles. Mateo, Marcos, Lucas y Juan son el final del Antiguo Testamento y no el principio del nuevo.

Por eso vemos a Jesús diciendo continuamente en los evangelios, "Hago esto para que se cumpla la Escritura", "Estoy diciendo esto para que se cumpla lo que fue escrito".

El Nuevo Testamento debe empezar en Hechos 10 cuando Cornelio, el primer gentil recibe el evangelio. Las profecías que Jesús habló, acerca de las cosas que habrían de suceder, fueron dadas a los judíos de ese tiempo, quienes eran su asignación.

Si separamos a Jesús del cumplimiento del Antiguo Testamento, no lo estamos reconociendo como el Mesías DE ISRAEL, estamos haciendo una separación entre el Judaísmo y el Cristianismo.

Si leemos los evangelios como el cumplimiento de toda la escritura, entonces veremos la obra terminada de Jesús. Si los leemos como el Nuevo, entonces Él no terminó su obra y tenemos que seguir esperando a que lo haga.

> *"Yo te he glorificado en la tierra; he acabado la obra que me diste que hiciese.*   *Juan 14:4*

Desgraciadamente cuando se hizo el Canon cuatro siglos después de Jesús, dijeron en cierta forma: El Judaímo termina en Malaquías y el Cristianismo empieza cuando nace Jesús. Esto separa al pueblo de Israel de Su Mesías, y es un error fundamental que tenemos que considerar si queremos interpretar correctamente lo que Jesús profetizó y a quienes lo dirigió.

Estas verdades son relevantes para el tema que estamos tratando. Si Jesús no nos abre el entendimiento para entender la Escritura, nos vamos a encontrar en la misma condición que los Escribas, los Doctores de la ley y los discípulos de Jesús.

Es Jesús, quien tiene en sí mismo la perfecta interpretación de las Escrituras, quien nos dice que todo lo que se refiere a Él ya fue cumplido. Luego, tratar de usar pasajes de Isaías, de Daniel y de Zacarías diciendo que hay ciertas cosas que no se han cumplido es un error doctrinal. Al igual que los discípulos de Jesús, quienes se toparon con un muro que no les permitía entender las escrituras, nosotros también nos podemos encontrar en la misma situación.

Le pido que ore en este momento para que el mismo Jesucristo le abra el entendimiento para entender las Escrituras concernientes al Apocalipsis y al fin de los tiempos, como Él y sólo Él las puede revelar. Pídale ojos para ver lo que antes no podía ver y oídos para oír con claridad Su Espíritu.

A través de este libro, nos vamos a dar cuenta de la realidad del Reino y vamos a analizar muchas escrituras que nos van a llenar de luz para entender lo que Jesús hizo en su primera venida. El Espíritu Santo cambiará nuestra forma de pensar para poder usarnos como los reyes y sacerdotes que somos para Dios el Padre viendo la herencia de luz y de revelación en el Apocalipsis. Entonces, llenaremos la tierra del **conocimiento de la gloria de Dios**, como las aguas cubren la mar.

5 LAS DOS GRANDES ERAS

1.-PATMOS - SEGUNDA VISIÓN.

Me encontraba dentro del lugar Santísimo del corazón de Dios, en donde mana la vida y el amor más grande de todo el universo. La santidad del amor brillaba con un resplandor que me traspasaba y, a la vez, me santificaba. Todo en mí se hacía santo en ese lugar, porque nada inmundo puede permanecer ahí. Estaba conmovida, en una combinación de dolor y de gozo.

Veía, por un lado, sus heridas hechas por cada uno de nosotros y, por otro, el amor que salía de ese lugar, que lejos de culparme, me atraía hacia Él para santificarme y amarme. Mi espíritu, el cual yo podía ver en ese lugar, estaba lleno de una luz que me hacía conocer muchas cosas a la vez. Miraba en diferentes direcciones y veía muchas puertas, pero no como las de la tierra, estas puertas estaban dispuestas en diferentes planos y cada una llevaba a una dimensión distinta.

Alrededor del corazón de Dios, se encontraban las puertas que provienen de los sufrimientos de Cristo. Cada gota derramada de su sangre, cada llaga horadada en su carne, forma una puerta.

Es imposible para el ser humano entrar por todas y cada una de ellas, pero las que se nos concede atravesar conducen a lugares maravillosos de Su sabiduría, de Su inteligencia, de Su poder, de Sus riquezas y de Su gloria.

El cielo, es multidimensional, no es como la tierra en que solo vemos el ámbito visible a nuestros ojos naturales. No hay arriba ni abajo, ni antes, ni después, todo simplemente "es" en cada una de las infinitas dimensiones y manifestaciones de Dios. En el cielo todo es ágil, liviano, ingrávido, espacioso, y la belleza de la dimensión de la luz no tiene forma de ser descrita.

El Espíritu Santo atrajo mi atención en una de las puertas que se encontraba dentro de esas paredes, como de carne, que conformaban la parte más sensible de Su corazón. Más que una puerta, era un hueco grande cuyos bordes estaban desgarrados. Me acerqué a ella y un dolor intensísimo me llenó hasta las entrañas. 'Entra', me dijo el Señor. Apenas puse un pie ahí, fui transportada a un lugar muy distinto, a un monte alto desde el cual se veía el jardín del Edén. Era el momento justo antes de la caída.

Todo estaba lleno del amor de Dios y Él se regocijaba amando a su familia, a los hijos que había creado. Él los hizo de la misma sustancia de amor que emana de su lugar Santísimo. Eran Él mismo en la dimensión terrenal. De pronto, todo empezó a vibrar en un forma extraña y una sombra negra entró en el Edén y tomo forma de serpiente. Vino el diálogo de la muerte que produjo la caída y luego, hubo un silencio. Un agujero profundo, como un hoyo negro en el espacio, se formó alrededor de Adán y su mujer. Entonces, un tronido estremecedor en el cielo y un grito de dolor intenso, paralizaron el universo. Me volteé para ver de dónde salía tan terrible sonido y, al instante, vi cómo se razgaba el corazón del Padre. En un instante había perdido a sus hijos amados. Es difícil describir tanto dolor. Sólo cuando se ama con todo el corazón y se pierde a quien uno ama, se puede sentir un fragmento de lo que el Padre sintió. Hubo silencio por mucho tiempo. Todo estaba como arrestado en un dolor incontenible. Ningún ángel osaba moverse.

Toda la tierra se cubrió de tinieblas y el dolor de la muerte y de la separación cubrió la superficie de la tierra, mientras un abismo enorme la aisló de los cielos. El hombre quedó condenado a una vida en sombras de muerte y oscuridad. El seól había abierto su boca y la enfermedad, la angustia, la pobreza, el odio, la desesperanza, la tristeza y la maldad llenaron el mundo. El terror a la muerte había tomado el corazón de la humanidad.

Entonces, vi la tierra desde el cielo como un sequedal lleno de espinos. Las tinieblas provienen del infierno que las hace prevalecer y producen en todos los hombres, una sed que no se puede saciar. Se podía ver y sentir la densidad de las tinieblas que cubrían la tierra, cuya frecuencia era pesada, el sonido grave y estridente, caótico, como el rugido de fieras atemorizadas.

Esa densidad jamás podrá penetrar la ligereza aguda de la frecuencia del cielo. Yo lloraba mientras sentía en todo mi cuerpo el dolor de la muerte en el corazón de Dios, pero algo sucedió que me conmovió de alegría. De su mismo corazón rasgado vi salir una luz. Era la luz de Jesús, el amor que no deja de ser. El Espíritu de la profecía que salía del cielo anunciando el maravilloso plan de salvación. La luz fue tomando forma delante de mis ojos y se hizo un gran monte del cual fluía leche y miel y, de éste, salió también un mosto con una fragancia que llenó todo el lugar.

Luego, se abrió una fuente hermosa de aguas claras llenas de luces como estrellas que navegaban por en medio de ellas, había también lenguas de fuego que danzaban sobre ellas. Ví como se formaron ríos que descendían y se hicieron un gran río que llenó un enorme valle.

Luego, vi muchos otros montes que se formaban del gran monte, de cada uno de ellos corrían aguas de vida, miel y mosto, y llenaron el cielo hasta donde mis ojos alcanzaron a ver.[8] Todos ellos, junto con el gran monte, eran Jesús, y provenían de Jesús pero cuando miré esto, Él aún no había descendido sobre la tierra, la que permanecía seca y en dolor. Me quedé observando ese episodio por mucho tiempo. No sé cuánto ya que en el cielo no hay tiempo y un momento en mi conciencia pueden ser milenios allá arriba.

En ese momento, apareció junto a mí un anciano. Su rostro resplandecía y sus vestidos eran rojo vino. Sabía que era uno de los 24 ancianos que están delante del trono. Luego, me dio una llave y me dijo: esta es la llave del conocimiento. Cuando la sostuve en mis manos, una unción fuertísima me envolvió y mis ojos se llenaron de luz. Podía ver varias dimensiones al mismo tiempo sin moverme de ningún lugar.

Vi como se formaban otros cielos, entre la tierra y el cielo de Dios. Eran cielos de tinieblas y, en ellos, se empezó a formar una gran ciudad a manera de una gigantesca bestia llena de estructuras internas. Tenía tentáculos que eran como carreteras entubadas y conducían a miles de ciudades de oscuridad que se nutrían de la ciudad madre. En esos cielos, había diversas dimensiones y puertas que conducían, unos a la tierra, y otros a lo profundo del infierno. También había siete montes alrededor de la ciudad, todos ellos tenebrosos, escarpados y secos. Estaban llenos de cuevas que conducían a miles de prisiones.

Tanto las ciudades como los montes estaban llenos de demonios y en las cimas de los montes había tronos. Estos estaban cubiertos de unas estructuras a manera de bóvedas transparentes que los protegían para que nadie los pudiera derribar. Estaba todavía mirando esto, cuando hubo una gran música en el cielo, como una orquesta de miríadas de ángeles y el sonido majestuoso de las alas de los querubines que resonaron en todo el universo celestial. Tras la música, se oyeron truenos y relámpagos, y todo el cielo se nubló con la presencia del Altísimo.

Una luz refulgente empezó a revolverse en medio de la nube, haciéndose cada vez más portentosa, hasta que tomó forma y se convirtió en un feto humano. Este, empezó a crecer y se hizo niño y luego hombre. Estaba rodeado de agua y de sangre, y un arcoíris lo envolvía. Estaba viendo en el cielo el momento en que Jesús se hizo carne y habitó entre nosotros. En ese lugar no hay tiempo y todo paraece que sucede en instantes.

La sangre lo envolvió por completo y, poco a poco, se fue condensando como una nube líquida hasta transformarse en una roca perfecta y angular que brillaba, como un diamante diáfano y muy luminoso, que quedó flotando en medio del universo. Era como ver el efecto de la crucificción desde otra dimensión.

De la roca salió un estallido y su onda expansiva cubrió de luz todos los cielos como la explosión que sucede cuando se forma una estrella. Vi entonces a uno semejante al hijo del hombre en medio del diamante y sentado en un trono lleno de Gloria. Su gloria cubrió la tierra y todo se llenó de su alabanza, y del trono salió una voz que dijo: ¡Hecho está!.

Jesús se había sentado a la diestra de Su Padre, en Su trono. Esta fue la visión celestial que Dios me dio de lo que sucedió en una de las dimensiones celestes cuando Jesús[9] vino a la tierra.

En ese momento, todo cambió. La tierra se había llenado otra vez de la presencia de Dios, y los Cielos y la tierra se volvieron a unir en Jesús.16 Los cielos primeros pasaron, los cielos donde el trono de la redención no había sido todavía ocupado. La tierra vieja también pasó, la tierra de tinieblas, de muerte y de dolor. Jesús llenó todo con Su luz.

Vi entonces la tierra nueva y los cielos nuevos. Era la misma tierra, el hermoso planeta que Dios hizo y que Él amó, pero ahora estaba lleno de Su Gloria, de Su presencia. Una capa cristalina de la sangre de Jesús la envolvía y el Espíritu Santo la llenaba con su resplandor, con su Sabiduría, haciendo accesible al Padre a todo al que lo buscara.

El Santo monte del que fluían los manantiales de aguas, se estableció sobre toda la tierra, para todo el que quiera beber de Él. Su arcoiris resplandece por siempre, uniendo los cielos y la tierra la cual nunca más será destruida.

La tierra ya no es la vieja tierra cubierta de tinieblas, seca y sin esperanza. Es una tierra nueva y un cielo nuevo porque en ellos mora la justicia comprada para nosotros por precio de cruz.[10]

Jesús, el Mesías prometido, vino a la tierra, y cambió los cielos y la tierra para siempre y Su Reino no tiene fin.

2.-LA LLAVE DEL ENTENDIMIENTO.

Esa visión y el recibir la llave del entendimiento, la cual es dada a todo aquel que quiere conocer a Jesús y está buscando caminar con Él en Su Reino, cambió mi forma de leer la Escritura.

Como mencioné en el capítulo anterior, Jesús le dijo a sus discípulos que, todo lo que había sido escrito acerca de Él en la ley de Moisés, en los Salmos y en los profetas, ya se había cumplido.

Ahora bién, Jesús ES EL ESPÍRITU DE LA PROFECÍA (Apocalipsis 19:10) y quien habló a través de todos los profetas.

Los profetas que profetizaron de la gracia destinada a vosotros, inquirieron y diligentemente indagaron acerca de esta salvación, escudriñando qué persona y qué tiempo indicaba el Espíritu de Cristo que estaba en ellos, el cual anunciaba de antemano los sufrimientos de Cristo, y las glorias que vendrían tras ellos.

1 Pedro 1:10-11

Si Él mismo dijo que todo se había cumplido. Entonces, ésta es el ancla de la revelación y de la interpretación.

A) El Plan De Dios

Conocer cual era el pensamiento de Dios a través Su plan supremo de redención es básico para interpretar las escrituras.

La Biblia está dividida en dos grandes secciones que demarcan, claramente, dos eras y dos pactos o tratos de Dios con los hombres. Desde la caída de Adán, las Escrituras anuncian la venida del Mesías como la solución frente a las tinieblas que habían entrado a gobernar la tierra. Dios se crea para sí mismo, un pueblo que anuncie Sus planes y diseños, por medio de los cuales, Él retomaría de las manos de satanás el gobierno de la tierra.

El Padre tenía un solo plan redentor a través de Su Hijo, el Mesías. Por medio del cual Él restauraría todas las cosas a su estado original en el Jardín del Edén. Dios creó al hombre para gobernar y tener dominio en la tierra, a través de la comunión con su Creador, y esto fue lo que Jesús vino a restaurar.

Su obra redentora fue concluida en la Cruz del Calvario. Él claramente dijo: "Hecho está". El Reino de Dios fue establecido cuando Jesús ascendió a los cielos y se sentó a la diestra del Padre para gobernar junto con Su cuerpo, la Iglesia.

> *Al que venciere, le daré que se siente conmigo en mi trono, así como yo he vencido, y me he sentado con mi Padre en su trono.*   Apocalipsis 3:21

A lo largo de toda la historia del Antiguo Testamento, se anuncia este plan redentor con el cual empieza una nueva etapa, un nuevo siglo, una era llena de Dios, donde Sus diseños son establecidos. El Mesías haría que la gloria que Adán perdió, volviera a manifestarse en los hijos de Dios.

*Levántate, resplandece; porque ha venido tu luz, y **la gloria de Jehová ha nacido sobre ti. Porque he aquí que tinieblas cubrirán la tierra, y oscuridad las naciones;** mas sobre ti amanecerá Jehová, y sobre ti será vista su gloria. Y andarán las naciones a tu luz, y los reyes al resplandor de tu nacimiento.*

Isaías 60:1-3

Estas son nuevas de gran gozo. Dios iba a cambiar el gobierno de toda la tierra. **La venida del Mesías no sería una victoria parcial, ni por etapas. ¡Sería radical! ¡Culminante! ¡Poderosísima!, es decir, aplastaría la cabeza al diablo para siempre. Le arrancaría las llaves de la muerte y del infierno, y se sentaría como Rey de reyes sobre toda la tierra.**

El Padre dejaría de habitar en un templo de piedra y haría su tabernáculo en los corazones de los que creyesen en Él.

Jesús vino en carne para vencer la muerte, el pecado, y la enfermedad, a cambiar la era de las tinieblas, por la era de la luz. Él venía a sustituir lo que era tan sólo sombra y figura, por lo verdadero. Él venía a traer un nuevo pacto, un nuevo gobierno que cambiaría los cielos y la tierra por completo.

Dos grandes eras fueron profetizadas por el Espíritu de Cristo, que aún los impíos las reconocen: Antes de Cristo y después de Cristo.

Estamos viendo una clara división entre dos grandes eras.

- La de la oscuridad y la de la redención.

- Un Antiguo Pacto y un Nuevo Pacto.

- Lo terrenal que es sombra de lo venidero y lo celestial que es el Reino de Dios en la tierra.

- Los cielos separados del hombre y los cielos unidos al hombre.

- La vieja criatura y la nueva criatura.

- Las cosas viejas pasaron y todas son hechas nuevas.

- La Jerusalén terrenal en el antiguo pacto, la Jerusalén de arriba en el nuevo pacto.

- Los odres viejos y los odres nuevos (El pueblo de Dios del Antiguo Testamento y la gente de Dios en el nuevo).

- El vino viejo y el vino nuevo.

- El antiguo Sacerdocio Levítico, el nuevo sacerdocio según el orden de Melquisedek.

Si no entendemos la grandiosa primera venida del Mesías y el poder que implica que Él se haya ya sentado en el trono de Su Reino, seguiremos esperando que Él venga a hacer lo que ya hizo. En el capítulo 7 tocaré con detenimiento la obra del Mesías, para aclarar muchas cosas que todavía generan gran confusión.

Antes de entrar en plena interpretación del libro del Apocalipsis, es importante desglosar y entender el corazón de Dios en cuanto a principios y temas, mencionados dentro de éste, que son claves para comprenderlo.

Notas

[8] Palabras que confirma esta vision Joel 3:18 y Zacarías 13:1

[9] El que descendió, es el mismo que también subió por encima de todos los cielos para llenarlo todo. Efesios 4:10

[10] Pero nosotros esperamos, según sus promesas, cielos nuevos y tierra nueva, en los cuales mora la justicia. 2 Pedro 3:10-13

Sección II:

LOS TEMAS FUNDAMENTALES DEL APOCALIPSIS

El tema central del Apocalipsis es "La revelación de Jesucristo" como Rey soberano del universo. Jesús se aparece a Juan en toda Su gloria, poco antes que viniera el gran juicio sobre Jerusalén, en el año setenta, y antes que fuera destruido el Imperio Romano.

El nuevo siglo estaba por empezar, la era de la luz y de la manifestación de Cristo en el corazón de los creyentes. Jesús, antes de Su ascensión, pasó 40 días enseñándoles a los discípulos acerca del reino de Dios. Él estaba por subir al cielo y tomar el Trono de la majestad en las alturas, y quería asegurarse de que ellos entendieran lo que iba a suceder después de su partida. Su reino sería establecido en medio de los hombres cuando el Espíritu Santo descendiera sobre toda carne. Dios es uno, y Él vendría a ocupar otra vez la tierra.

Dios dejó principios básicos sobre lo que Él estaba por hacer en la tierra, por lo que, si los entendemos seremos conducidos a la revelación. La comprensión de la profecía bíblica no es un asunto de interpretar un juego de palabras, sino comprender el principio global en el pensamiento de Dios.

Por otra parte, también tenemos que considerar el tiempo en que fue escrita y para quiénes fue hablada. Y, aunque toda la Escritura es una herramienta espiritual y viva para la Iglesia, fue escrita y dirigida primeramente al pueblo de Israel. Tratar de entender la profecía Bíblica ignorando todo el contexto hístorico que vivió Israel en el siglo primero, inevitablemente conducirá a falsas conjeturas. (En el Instrumento 2 al final de ste libro, hacemos un relato de la historia de ese tiempo.)

Estos principios fundamentales que Jesús nos dejó para interpretar la profecía del Apocalipsis son:

Cielos nuevos y tierra nueva.
La obra del Mesías en la primera venida.
El Tabernáculo de Dios con los hombres.
La Nueva Jerusalén.
Las bodas del Cordero.
La destrucción de Babilonia. El Reinado de Cristo.
La morada de Dios en las nubes.
La suprema Corte de los juicios de Dios.

Después de estos temas primordiales, nos encontramos con temas secundarios que, derivan de los primeros, y que entregan los detalles de cómo opera el cielo y la tierra en armonía. Entre estos están las batallas celestiales, las tribulaciones, la organización del reino de las tinieblas en contra de la luz y la operación de los diversos ángeles.

6 CIELOS NUEVOS Y TIERRA NUEVA

Entender esto nos entrega la pauta para interpretar a qué se refiere la escritura cuando habla de cielos nuevos y tierra nueva.

> *Vi un cielo nuevo y una tierra nueva; porque el primer cielo y la primera tierra pasaron...*
>
> Apocalipsis. 21:1a

A) ¿Quiere Dios destruir la tierra?

Dios ama la tierra que ha sido llena de su Gloria a través de Su Hijo y no la quiere destruir. Él hizo un pacto con Noé y ese pacto permanece por siempre.

> *Y me acordaré del pacto mío, que hay entre mí y vosotros y todo ser viviente de toda carne; y no habrá más diluvio de aguas para destruir toda carne. Estará el arco en las nubes, y lo veré, y me acordaré del pacto perpetuo entre Dios y todo ser viviente, con toda carne que hay sobre la tierra.*
>
> Génesis 9:15-16

Dios no haría un pacto eterno con el hombre y la creación, para no destruirlos por agua, y luego, destruir todo por fuego. Sería como decir irónicamente, hago pacto contigo de no matarte con espada, pero te mataré con pistola. Dios no actúa así en ninguna manera.

Dios juzgará a los que destruyen la tierra, porque Él la ama y no la quiere ver destruida.

> *Y se airaron las naciones, y tu ira ha venido, y el tiempo de juzgar a los muertos, y de dar el galardón a tus siervos los profetas, a los santos, y a los que temen tu nombre, a los pequeños **y a los grandes, y de destruir a los que destruyen la tierra**.*
>
> *Apocalipsis 11:18*

> *Generación va, y generación viene; mas la tierra siempre permanece.*
>
> *Eclesiastés 1:4*

> *Edificó su santuario a manera de eminencia, Como la tierra que cimentó para siempre.*
>
> *Salmo 78:69*

> *Y tu pueblo, todos ellos serán justos, **para siempre heredarán la tierra**; renuevos de mi plantío, obra de mis manos, para glorificarme.*
>
> *Isaías 60:21*

B) Los elementos ardiendo.

Ahora bien, el conflicto surge al leer el capítulo 3 de la segunda epístola de Pedro, que pareciera que habla de que la tierra arderá en llamas, pero esto no es sino una mala traducción a nuestra lengua. La biblia tiene que ser coherente consigo misma.

Este pasaje nos habla primeramente de la destrucción de los hombres impíos.

El fuego, en la Escritura, quiere decir "juicio". Cuando la Escritura habla de un bautismo de fuego o de ser probados por el fuego, no quiere decir que, literalmente, nos vamos a quemar. El fuego es un instrumento purificador, Dios quiere limpiar la tierra, purificarla juzgando a los hombres impíos[11].

> *Pero el día del Señor vendrá como ladrón en la noche; en el cual los cielos pasarán con grande estruendo, y los elementos ardiendo serán deshechos, y la tierra y las obras que en ella hay serán quemadas. Puesto que todas estas cosas han de ser deshechas, ¡cómo no debéis vosotros andar en santa y piadosa manera de vivir, esperando y apresurándoos para la venida del día de Dios, en el cual los cielos, encendiéndose, serán deshechos, y los elementos, siendo quemados, se fundirán! Pero nosotros esperamos, según sus promesas, cielos nuevos y tierra nueva, en los cuales mora la justicia*
>
> 2 Pedro 3:10-13

En esta porción tenemos algunas palabras claves que nos ayudan a interpretar correctamente. La primera es "cielos". Esta es la palabra griega **oujrano/ß ouranos**[12] que quiere decir "lugar elevado". Se refiere a los lugares altos, al segundo cielo, al lugar desde donde reinan las potestades de las tinieblas que inducen al hombre a la impiedad, y no a la destrucción del universo. Esto se aclara con la segunda palabra que resalté: "elementos", que proviene del griego stoicei√on, stoicheion,[13] que quiere decir estructura, fundamento, rudimento. Esta es la raíz de la palabra estóico en el castellano, que quiere decir afirmado, con aplomo.

Luego esta palabra no se refiere a los elementos físicos de la materia universal, sino a las estructuras de las tinieblas de este mundo que han gobernado la tierra y que Jesús vino a derribar. Concluye, después el Apóstol Pedro, que al ser destruidas las estructuras de este mundo, gozaremos de un cielo nuevo y una tierra nueva donde mora la justicia. No tenemos que esperar el supuesto fin del mundo para que la justicia de Dios reine sobre la tierra. Su Reino es Justicia, paz y gozo en el Espíritu Santo, y está en medio de nosotros.

Todo este pasaje cobra aún más claridad cuando seguimos leyendo.

> *Y tened entendido que la paciencia de nuestro Señor es para salvación; como también nuestro amado hermano Pablo, según la sabiduría que le ha sido dada, os ha escrito, casi en todas sus epístolas, hablando en ellas de estas cosas; entre las cuales hay algunas difíciles de entender, las cuales los indoctos e inconstantes tuercen, como también las otras Escrituras, para su propia perdición.*
>
> *2 Pedro 3:15-16*

Aquí vemos a Pedro citando al Apóstol Pablo, quien en casi todas sus epístolas habla de estas cosas. Esto es sumamente clave, ya que en NINGUNA de sus cartas Pablo plantea que la tierra arderá y/o será deshecha. Lo que sí menciona es la remoción de las cosas conmovibles y la destrucción de los poderes de las tinieblas, así como y también anuncia que todas las cosas son hechas nuevas.

> *Y esta frase: Aún una vez, indica la remoción de las cosas movibles, como cosas hechas, para que queden las inconmovibles.*
>
> *Hebreos 12:2714*

Lo conmovible era todo el sistema del Antiguo Pacto que llegaba a su fin con el gran juicio de Dios que destruyó Jerusalén en el año 70 AD. En los instrumentos 2 y 3 al final de este libro habló con detalle de los hechos históricos más relevantes que sucedieron en ese tiempo.

Al destruirse todo ese sistema Dios entabló una nueva relación con el hombre, donde ya no hay ni Judío ni Griego, sino Dios habitando en medio d los hombres.

Jesús se ha sentado como Rey de reyes y esto naturalmente cambia todos los cielos. El ha establecido un Nuevo Pacto y un Nuevo Sacerdocio, conforme al orden de Melquizedec. Su templo es ahora el corazón de los creyentes y esto cambia todo en la Tierra también.

> *De modo que si alguno está en Cristo, nueva criatura es; las cosas viejas pasaron; he aquí **todas son hechas nuevas.***
>
> 2 Corintios 5:17

Pedro exhortaba a los creyentes a vivir de una manera santa, porque todas las estructuras de maldad iban a ser juzgadas en su tiempo y con éstas los que en ellas participaban.

Más adelante hablaré de los tiempos proféticos y analizaré el concepto de "un día es como mil años y mil años como un día", mencionado en esta misma epístola de Pedro, que no es otra cosa sino la eternidad del reino de Dios. Por el momento, me estoy enfocando en el significado de cielos nuevos y tierra nueva.

En el pasaje de Pedro que acabamos de analizar, vimos que en estos cielos y tierra nuevos mora la justicia, la cual es Jesús. porque el Mesías venía a cumplir toda Justicia.

Ahora, veamos los pasajes análogos a éste en el Antiguo Testamento; que nos alumbran en cuanto a la interpretación. Pedro no estaba hablando de algo nunca antes mencionado, estaba citando la escritura de Isaías 65 donde Jehová ya había profetizado estas cosas.

Toda la profecía en los Evangelios y en el Nuevo Testamento tiene su correspondencia en el Antiguo.

C) La profecía de Isaías.

Recordemos que Jesús abrió el entendimiento a sus discípulos para que comprendieran que TODO lo que había sido profetizado acerca de Él en la ley de Moisés, en los Salmos y en los profetas se había cumplido, esto incluye a Isaías.

> *Porque he aquí que yo crearé nuevos cielos y nueva tierra; y de lo primero no habrá memoria, ni más vendrá al pensamiento…*
>
> *Mas os gozaréis y os alegraréis para siempre en las cosas que yo he creado; porque he aquí que yo traigo a Jerusalén alegría, y a su pueblo gozo.*
>
> *Y me alegraré con Jerusalén, y me gozaré con mi pueblo; y nunca más se oirán en ella voz de lloro, ni voz de clamor.*
>
> *No habrá más allí niño que muera de pocos días, ni viejo que sus días no cumpla; porque el niño morirá de cien años, y el pecador de cien años será maldito.*
>
> *Edificarán casas, y morarán en ellas; plantarán viñas, y comerán el fruto de ellas.*

No edificarán para que otro habite, ni plantarán para que otro coma; porque según los días de los árboles serán los días de mi pueblo, y mis escogidos disfrutarán la obra de sus manos.

*No trabajarán en vano, **ni darán a luz para maldición;** porque son linaje de los benditos de Jehová, y sus descendientes con ellos.*

Isaías 65:17- 23

Cuando leemos este pasaje con la idea preconcebida de que la tierra y el universo serán destruidos, como se enseña tradicionalmente, nos imaginamos un nuevo planeta celestial. Nos parece inconcebible que esto pueda ser para nuestros días, porque la Iglesia sigue llorando, se sigue enfermando, muchos jóvenes mueren, millones están en escasez, y, desde luego, no vemos en nuestro mundo físico lobos y corderos conviviendo, ni niños de cien años. Por lo tanto, hacemos una teología conforme a lo que no tenemos y no conforme a lo que fue conquistado por la resurrección de Cristo y su entronamiento.

El nuevo testamento declara que todas las cosas viejas pasaron y que todas han sido hechas nuevas, y esto apunta, otra vez, a dos eras, la antigua y la nueva.

"y de lo primero no habrá memoria, ni más vendrá al pensamiento…"

"Yo traigo a Jerusalén alegría y a su pueblo gozo" son promesas que tienen que ver con la primera venida del Mesías. Jesús mismo lo dijo cuando declaró que el Espíritu del Señor estaba sobre Él para traer buenas nuevas, libertad a los cautivos y gozo a los enlutados de Israel

Lucas 4:18

El pasaje clave en Isaías 65 es el versículo 23:

No trabajarán en vano, ni darán a luz para maldición; porque son linaje de los benditos de Jehová, y sus descendientes con ellos.

Si partimos de la idea equivocada, que este pasaje se refiere a un nuevo planeta celestial, despues que todo ya fue destruído, y no a la tierra actual, nos encontramos en un conflicto. ¿Cómo es que aquí dice que ya no daremos a luz hijos para maldición? Los que han interpretado este pasaje de esa manera, también dicen, que en esta nueva tierra, los hijos de Dios tendrán un cuerpo resucitado el cual será semejante al de los ángeles y, por ende, ya no podrá engendrar hijos. Esto lo basan en las palabras de Jesús quién dijo:

> *mas los que fueren tenidos por dignos de alcanzar aquel siglo y la resurrección de entre los muertos, ni se casan, ni se dan en casamiento. Porque no pueden ya más morir,*
>
> *pues son iguales a los ángeles, y son hijos de Dios, al ser hijos de la resurrección.*
>
> Lucas 20:35-36

Luego, este pasaje de Isaías no tiene que ver con un nuevo planeta, ni con gente resucitada con cuerpos como los ángeles, sino con los cielos y la tierra nuevos en Jesús, en el reinado del Rey de reyes que ahora rige la tierra.

Por otro lado, cuando Jesús nos hace nuevas creaturas, no nos tiene que destruir físicamente. Somos hechos de nuevo en el espíritu y en el alma. Lo mismo pasa con la tierra, para ser hecha nueva no tiene que arder ni desparecer de en medio del universo, sino que es renovada por la presencia de la gloria de Jesús, quien la llena por completo.

C1) No habrá más llanto.

Ahora bien, ¿por qué dice que ya no habrá llanto?. Esto se refiere al terrible dolor que había antes de Cristo cuando alguien moría. La muerte no había sido vencida y la idea de la muerte era espantosa. Cuando se moría un ser amado, era devastador pensar que se había ido a un lugar lúgubre, frío e insondable. La sola idea era intolerable al corazón del hombre; pero Jesús vino y venció la muerte. Ahora, los que somos de Él, aunque pasamos por un duelo necesario para que el alma se ajuste a la pérdida, nos gozamos de que nuestros seres queridos estén en el cielo con el Señor. Dios no es Dios de muertos, sino de vivos, y nuestros amados que partieron en Cristo están vivos no muertos.[15]

Jesús tenía en Él toda la plenitud de la deidad. Él era uno con el Padre. Él era el reino de Dios caminando entre los vivientes y, sin embargo, lloró cuando Lázaro murió. En el reino de Dios, en la nueva tierra y el nuevo cielo que Él nos dio, se enjuga toda lágrima.

C2) El niño morirá de 100 años.

¿Por qué dice Isaías que el niño morirá de cien años? Esto nos habla de la longevidad y el poder de la resurrección que mora en los nacidos de nuevo.

> *Así también está escrito: Fue hecho el primer hombre Adán alma viviente; el postrer Adán, espíritu vivificante.*
>
> *1 Corintios. 15:45*

De la misma manera que la muerte reina en quienes no tienen a Cristo y avanza hasta deteriorar sus cuerpos hasta llevárselos; la resurrección reina sobre el que cree, vivificando y rejuveneciendo su cuerpo mortal.

C3) El lobo y el cordero.

"El lobo y el cordero serán apacentados juntos, y el león comerá paja como el buey; y el polvo será el alimento de la serpiente. No afligirán, ni harán mal en todo mi santo monte, dijo Jehová".

Isaías 65:25

Esto es una figura de la Iglesia y las diferentes personalidades de la gente que se acerca al reino de Dios. La biblia usa en su simbología zoomorfismos. A Jesús se le llama Cordero, se le llama León. Él dice que nos envía como corderos en medio de lobos. Pero cuando esa gente mala que, eran lobos, se convierte viene al reino y entonces mora junto los corderos que somos nosotros.

Sofonías nos habla de esta misma manera.

Sus príncipes en medio de ella son leones rugientes; sus jueces, lobos nocturnos que no dejan hueso para la mañana.   *Sofonías 3:3*

Si abrimos nuestro corazón, podremos arrebatar para nosotros estas verdades que Dios ya nos otorgó. Pero si las vemos como una realidad para un nuevo planeta, nunca tendremos la plenitud de lo que Jesús hizo por nosotros.

Y juntamente con él nos resucitó, y asimismo nos hizo sentar en los lugares celestiales con Cristo Jesús...
Efesios 2:6

Notas

[11] Porque él es como fuego purificador, y como jabón de lavadores. Y se sentará para afinar y limpiar la plata; porque limpiará a los hijos de Leví, los afinará como a oro y como a plata, y traerán a Jehová ofrenda en justicia. Malaquías 3:2-3

[12] 3772. El cielo por extensión, Cielo (como la morada de Dios); por implicancia, felicidad, poder, eternidad; especialmente, El Evangelio (Cristianidad): — aire, cielos, celestiales, cielo. Traducción de Concordancia Bíblica Strong.

[13] 4747. Algo ordenado, una serie (fundamental, inicial) constituyente (literalmente), proposición (figurativamente): — elemental, principal, rudimentertario. Traducción de Concordancia Bíblica Strong.

[14] Algunos asumen que Pablo es el autor de Hebreos. Yo así lo pienso.

[15] Entonces respondiendo Jesús, les dijo: ¿No erráis por esto, porque ignoráis las Escrituras, y el poder de Dios? Dios no es Dios de muertos, sino Dios de vivos; así que vosotros mucho erráis. Marcos. 12:24 y 27.

7. La Obra del Mesías en la Primera Venida

1.- EL DIABLO NOS ROBÓ LA GLORIA Y LA ESENCIA DE LA PRIMERA VENIDA.

Este es nuestro segundo tema básico de interpretación, para entender las verdades del Apocalipsis.

> *Entonces oí una gran voz en el cielo, que decía: Ahora ha venido la salvación, el poder, y el reino de nuestro Dios, y la autoridad de su Cristo; porque ha sido lanzado fuera el acusador de nuestros hermanos, el que los acusaba delante de nuestro Dios día y noche.*
> *Apocalipsis 12:10*

Parte del problema en que nos encontramos es que, en muchos casos, no se tiene claridad en cuanto al objetivo de la primera venida de Cristo. La mayoría de los cristianos está esperando con gran expectación la inminente segunda venida de Cristo. Y Dios está gritando desde el cielo:

"¡Necesito que antes entiendan la primera!"

Nos hemos conformado con tan sólo un fragmento de su obra; esto es, que Él vino para salvarnos de pecado y que eventualmente fuésemos llevados al cielo.

Millones de cristianos están estancados en esa verdad, y no se les ha enseñado la plenitud y la magnificencia de lo que nuestro Mesías vino a hacer a la tierra.

Esto produce que vivan en terribles derrotas y problemas que no tienen por qué estar viviendo; y esperan que todo lo bueno que les debería acontecer, suceda cuando Jesús venga por ellos.

Mientras veamos todo en el futuro, nunca seremos retados a poseer hoy todas las bendiciones, el poder y la autoridad que Jesús compró para nosotros. Sólo podemos recibir de Dios lo que creamos que Él nos ha concedido. Por eso, es importante entender lo que Él hizo para que una errada interpretación de la Palabra, no nos robe nuestra herencia.

Ser de Jesús implica ser un pueblo diferente al resto del mundo, no solamente en nuestra ideología de salvación, sino en la manifestación poderosa de quién Jesús es en nosotros. Jesús vino a manifestar a Su Padre y ésta es también nuestra misión. Los verdaderos hijos de Dios estamos aquí para manifestar al Padre en todo su poder y soberanía. Sólo en la medida que revelemos al Padre a través de nuestras vidas es que tendremos la facultad de engendrar hijos de Dios.

Repartir tratados de salvación es hermoso, pero no manifiesta la vida del Padre, ni tampoco reproduce hijos del Espíritu. El mundo tiene que ver en nosotros gente que no enferma, que no carece de nada, sino que todo lo da. Gente llena de vida y de vigor aún en la edad avanzada. Un pueblo que tiene las soluciones más extraordinarias a los problemas de la sociedad. Un pueblo que sabe usar el poder de Dios para cambiar todas las circunstancias, que sabe calmar tempestades y traer lluvia en la sequía.

Un pueblo como no ha habido otro en el tiempo de muchas generaciones. Para que esto suceda, tenemos que conocer el "Evangelio del Reino" que es lo que Jesús nos mandó a predicar y entender lo que éste significa en nuestras vidas.

2.- JESÚS VINO A TRAER EL REINO DE SU PADRE.

Jesús vino a establecer un Reino, no a fundar iglesias. La Iglesia es la congregación de creyentes que forma parte del sistema de gobierno del Rey de reyes. Un reino no puede estar dividido entre sí mismo. Las 40 mil denominaciones cristianas que hoy existen no tienen poder para cambiar el mundo, solo el Reino unificado de Dios puede lograrlo.

Si entendemos la verdadera y poderosa misión de nuestro Mesías, podremos unificarnos y transformar nuestras naciones. Durante Su manifestación en la tierra, Jesús predicó constantemente acerca del Reino de Dios como algo cercano y accesible a todos.

> *Diciendo: El tiempo se ha cumplido, **y el reino de Dios se ha acercado;** arrepentíos, y creed en el evangelio.*
>
> *Marcos 1:15*

Mandó que se predicara el evangelio del Reino.

> *Y yendo, predicad, diciendo: **El reino de los cielos se ha acercado.** Sanad enfermos, limpiad leprosos, resucitad muertos, echad fuera demonios; de gracia recibisteis, dad de gracia.*
>
> *Mateo 10:7-8*

Es importante entender que Jesús vino a traer el Reino de Su Padre, y a preparar a esa primera generación para entrar en éste y gobernar a Su lado. Él vino a darnos amplia entrada al Reino, no cuando muramos, ni en un futuro incierto, sino aquí y ahora.

El Evangelio sólo tiene sentido si es que la obra de la cruz y la de la resurrección es efectiva para nosotros mientras estamos vivos. Jesús no llevó nuestros pecados, enfermedades y dolores para que sólo disfrutemos de eso después de morir. Las "Buenas Nuevas" aluden a que la cruz venció al diablo y a la muerte para que vivamos en santidad, en salud, en gozo, en justicia y en prosperidad mientras estamos vivos.

¿Qué sentido tendría predicar a los pobres y a los enfermos un reino futuro sin solución a sus problemas actuales? ¿Podríamos llamarles "Buenas Nuevas"?

Si el Reino no está en medio de nosotros cómo algunos suponen, posponiéndolo hasta después de una segunda venida, entonces la obra de la cruz y las nuevas del Evangelio no tienen sentido. ¿Para qué nos enviaría Jesús a predicar algo que no se cumpliría hasta irnos al cielo? ¿Por qué dijo que la gloria de la casa postrera era mayor que el de la primera, si esto no se iba a cumplir? (la casa primera es el antiguo pacto, la postrera, el nuevo).

Si Él vino a restaurar lo que se había perdido, y esto era el dominio que Dios le dio a Adán para gobernar la tierra, ¿por qué dijo, "hecho está", si es que habríamos de esperar más de 2000 años? Jesús vino para que todo volviera a ser cómo su Padre lo creó en un principio. Dios gobernando desde los cielos y el hombre, en comunión con Él, reinando en la tierra. Él vino a unir, otra vez, el cielo y la tierra, reconciliándolos por medio de la cruz, NO en un futuro, sino desde su muerte en la cruz.

Y por medio de él reconciliar consigo todas las cosas, así las que están en la tierra como las que están en los cielos, haciendo la paz mediante la sangre de su cruz.

Colosenses 1:20

En las escrituras del Nuevo Testamento, vemos que los apóstoles tenían claro que Dios nos había devuelto la comunión con Él, el dominio y el Reino.

*Así que, **recibiendo nosotros un reino inconmovible**, tengamos gratitud, y mediante ella sirvamos a Dios agradándole con temor y reverencia...*

Hebreos 12:28

***No temáis**, manada pequeña, porque a vuestro Padre le ha **placido daros el reino**.*

Lucas12:32

En este pasaje, Jesús los estaba alentado a no temer, porque Él había venido a establecer el reino NO cuando murieran sino cuando tenían una razón para temer. Antes del derramamiento del Espíritu Santo, Jesús instruyó a sus apóstoles acerca del Reino. Ellos tenían que saber cómo se manifestaría el reino y cómo debían gobernar por el Espíritu. ¿Para qué les hablaría en el período más importante de Su ministerio de algo que sólo se manifestaría 2000 y tantos años después? No les habló de un período de gracia de 2000 años, como algunos lo predican, les habló del reino que Él había venido a establecer.

En ninguna parte de las Escrituras, Cristo establece una dispensación de gracia entre Su ascensión y el establecimiento de Su Reino. Esto jamás fue profetizado en el Antiguo Testamento, ni Jesús jamás habló de tal cosa.

El Antiguo Testamento jamás separa al Mesías de Su Reino. Para todos los Judíos la venida del Mesías iba de la mano con el establecimiento de Su reinado.

No fue sino a mediados de los 1800 que John Nelson Darby estableció el dispensacionalismo, o teología sectaria, haciendo una separación entre Israel y la iglesia y ésta del reino.

En esta teología que inundó la Iglesia Evangélica, Darby crea una era o dispensación de la Iglesia en la cual la Iglesia no es parte del Reino. El Reino solo sería efectivo después de una futura gran Tribulación.

Esto aunque es un pensamiento que se hizo muy popular, requiere de una seria revisión ya que fue formulado mucho antes del derramamiento del Espíritu Santo en la era moderna en el año 1906 y tiene por ende muchos errores.

Es importante analizar por qué creemos lo que creemos y de que fuentes vienen tantas doctrinas que hasta hoy estamos arrastrando y repitiendo de generación en generación. Es tiempo de investigar, analizar, corregir, y fundamentar correctamente lo que creemos.

Jesús entrenó a sus discípulos a predicar y a establecer su Reino y a preparar a los creyentes para la gran manifestación de Su juicio que vendría sobre esa generación y que ocurrió en el año 70.

> *A quienes también, después de haber padecido, se presentó vivo con muchas pruebas indubitables, apareciéndoseles durante cuarenta días y hablándoles acerca del reino de Dios.*
>
> *Hechos 1:3*

Jesús dijo que al buscar el Reino de Dios y su justicia todas las cosas nos serían añadidas. Y menciona las cosas concernientes a nuestro sustento en la tierra.

> *No os afanéis, pues, diciendo: ¿Qué comeremos, o qué beberemos, o qué vestiremos? Porque los gentiles buscan todas estas cosas; pero vuestro Padre celestial sabe que tenéis necesidad de todas estas cosas. Mas buscad primeramente el reino de Dios y su justicia, y todas estas cosas os serán añadidas.*
> Mateo 6:31-33

¿Qué sentido tendría decir esto, si el Reino solo se manifestaría después de dos mil y tanos años después?

A los fariseos y a los sacerdotes les dijo dónde y cuándo se manifestaría Su reino:

> *Preguntado por los fariseos, cuándo había de venir el reino de Dios, les respondió y dijo: El reino de Dios no vendrá en forma visible, ni dirán: Helo aquí, o helo allí; porque he aquí el reino de Dios está entre vosotros.*
> Lucas 17:20-21 traducción literal

Si la voluntad de Dios hubiera sido establecer el reino en un futuro milenio, Jesús lo hubiera dicho de esa manera; sin embargo dijo: el reino de Dios ESTÁ en medio de vosotros.

También cuando se refirió a Juan El Bautista lo hizo cómo el mayor de los profetas del Antiguo Testamento y como el más grande entre los nacidos de mujer. Y después añade que el más pequeño en el reino es mayor que éste.

> *De cierto os digo: Entre los que nacen de mujer no se ha levantado otro mayor que Juan el Bautista; pero el más pequeño en el reino de los cielos, mayor es que él. Desde los días de Juan el Bautista hasta ahora, el reino de los cielos sufre violencia, y los violentos lo arrebatan.*
>
> Mateo 11:11-12

Los nacidos de Dios, que han nacido del Espíritu y del Agua, son más grandes que los nacidos de mujer, aunque aquellos hayan sido grandes profetas. Porque el Reino es Jesús mismo. El Reino no es un lugar es una persona. Entrar en Su Reino es entrar en Jesús y Él en nosotros. Esto nos hace más grandes que los que sólo fueron ungidos, pero nunca nacieron de Dios. El Reino es para los que lo arrebatan aquí en la tierra. Jesús no usaría este verbo si se refiriera a los que se mueren y se van al cielo por la gracia y por la fe.

El nombre de Jesús se fue transformando de gloria en gloria. Él nació con el nombre de Jesús de Nazaret, originalmente Yeshua, al bautizarse, la unción del Padre vino sobre él y se convirtió en Jesús el Cristo o el Mesías, que quiere decir, el ungido de Dios. Pero, al ascender al trono de la gloria y sentarse a la diestra del Padre, se le dio un nombre nuevo, un nombre sobre todo nombre: Yeshua, el Señor.

> *Para que en el nombre de Jesús se doble toda rodilla de los que están en los cielos, y en la tierra, y debajo de la tierra; y toda lengua confiese que Jesucristo es el Señor, para gloria de Dios Padre.*
>
> Filipenses 2:10-11

Pablo en la primera epístola a Timoteo, se refiere a Jesús con su nombre "Rey de reyes y Señor de señores".

> *La cual a su tiempo mostrará el bienaventurado y solo Soberano, Rey de reyes, y Señor de señores.*
>
> *1 Timoteo 6:15*

Pablo, no transfiere el Señorío ni el reinado de Jesucristo a un tiempo futuro, nadie en la Iglesia actual tiene ningún problema en llamarlo de esta manera, ni tampoco en creer que Él está sentado a la diestra del Padre en la majestad.

Pedro, el día de Pentecostés, lo reconoce en todo su Señorío.

> *Sepa, pues, ciertísimamente toda la casa de Israel, que a este Jesús a quien vosotros crucificasteis, Dios le ha hecho Señor y Cristo.   Hechos 2:36*

Ahora bien, si Él está sentado a la diestra del Padre y ha sido ya coronado como Rey de Reyes, ¿por qué muchos no creen que Él reina?. Piensan que sólo reinará cuando se siente en el trono, físicamente, en la Jerusalén terrenal, y mientras tanto ¿qué hace, sentado en las alturas a la diestra del Padre? ¿Se estará rascando la cabeza esperando poder reinar algún día y sacarnos de nuestra miseria y de nuestros problemas?

En ninguna parte en los evangelios Jesús habla que él vendría y se sentaría como rey en Jerusalén. Todo lo contrario el afirmó que No se sentaría en Jerusalén.

> *Preguntado por los fariseos, cuándo había de venir el reino de Dios, les respondió y dijo: El reino de Dios no vendrá en forma visible, ni dirán: Helo aquí, o helo allí; porque he aquí el reino de Dios está entre vosotros.*
>
> *Lucas 17:20-21 traducción literal*

Cuando Él dijo: No dirán helo aquí, o helo ahí, él se encontraba en Jerusalén.

Esto produjo la ira terrible que condujo a los Fariseos a crucificar a Cristo ya que ellos querían que su Mesías fuese un rey terrenal. Ese pensamiento sigue vivo hasta el día de hoy y ha contaminado horriblemente a la Iglesia.

Esto es vitalmente importante, la Israel apóstata de aquel tiempo quería por fuerza que el Mesías se sentara físicamente en Jerusalén, si esto fuera la voluntad del Padre, Jesús hubiera dicho algo así: "No se preocupen llegará el tiempo en que me sentaré a reinar en la Tierra". Pero nunca dijo nada semejante, lo que sí dijo fue todo lo contrario: NO DIRÁN HELO AQUÍ...porque mi REINO ESTÁ EN MEDIO DE VOSOTROS. Y también dijo MI REINO NO ES DE ESTE MUNDO.

Jesús también afirmó:

> *Jesús le dijo: Mujer, créeme, que la hora viene cuando ni en este monte ni en Jerusalén adoraréis al Padre.*
>
> *Juan 4:21*

¿Si su plan hubiese sido sentarse algún día en Jerusalén, por qué le dijo esto a la mujer Samaritana?

La antigua Jerusalén, la de la Tierra no sería más el centro de operaciones del Reino de Dios. Jesús venía a traer el Reino del Espíritu y a establecer la Jerusalén celestial, en toda la tierra no nada más en Jerusalén.

Por eso destruyó en el juicio del año 70 el templo y la Antigua ciudad.

¿Que sentido tiene derribar el templo antiguo, para hacer del hombre Su Templo, y luego volver a edificar el templo de piedra, que él mismo derribó?

¿ Y entonces que pasa con el Templo en nuestro espíritu, tenemos que renunciar a él, para volver a tener uno hecho de manos?

Pensar que Jesús no reinará sino hasta que venga en un futuro es quitarle su propósito y Su reinado.

Ningún rey es coronado, y se sienta en el trono si no es para ejercer desde ese momento su autoridad como tal. La verdad es que Jesús es Rey de reyes y Señor de señores. Él está reinando y junto con él los que han entendido que SON SU CUERPO. Si la cabeza reina, el cuerpo reina con ella.

La salvación consiste en reconocer que Él Reina como Señor y soberano.

> *que si confesares con tu boca que Jesús es el Señor, y creyeres en tu corazón que Dios le levantó de los muertos, serás salvo.*   *Romanos 10:9*

Él dijo: "Mi Reino no es de este mundo". Su reino es del Espíritu, por eso, nadie puede ver el Reino si no naciere del Agua y del Espíritu. Al diablo no le importa que llamemos a Jesús, Señor, siempre y cuando no lo reconozcamos en su autoridad gobernante, sentado a la diestra de Dios, rigiendo nuestras vidas y nuestras naciones.

La verdad es que cuando lo vemos en Su Reino, se acaban nuestras enfermedades, problemas y dolores, por cuanto todas estas cosas están bajo sus pies. Cuando gobernamos con Él, están también bajo los nuestros.

La Jerusalén en la tierra, su templo y su historia, fueron la sombra de las cosas que habrían de venir cuando se manifestara lo verdadero, esto es, la venida del Mesías en carne.

Así que, si (Jesús) estuviese sobre la tierra, ni siquiera sería sacerdote, habiendo aún sacerdotes que presentan las ofrendas según la ley; los cuales sirven a lo que es figura y sombra de las cosas celestiales, como se le advirtió a Moisés cuando iba a erigir el tabernáculo, diciéndole: Mira, haz todas las cosas conforme al modelo que se te ha mostrado en el monte. Pero ahora tanto mejor ministerio es el suyo, cuanto es mediador de un mejor pacto, establecido sobre mejores promesas.

Hebreos 8:4-6
(énfasis en paréntesis por el autor)

Hoy reina la Jerusalén celestial, constituida por el pueblo Judío y el pueblo de gentiles, convertidos al Mesías. De los dos pueblos, hizo Dios uno solo.

Pero el de la esclava nació según la carne; mas el de la libre, por la promesa. Lo cual es una alegoría, pues estas mujeres son los dos pactos; el uno proviene del monte Sinaí, el cual da hijos para esclavitud; éste es Agar. Porque Agar es el monte Sinaí en Arabia, **y corresponde a la Jerusalén actual, pues ésta, junto con sus hijos, está en esclavitud.** *Mas la Jerusalén de arriba, la cual es madre de todos nosotros, es libre. Así que, hermanos, nosotros, como Isaac, somos hijos de la promesa.*

Gálatas 4:23b-26 y 28

Hoy, mucha gente y muchas Iglesias, al no vivir el poder del reino comprado para nosotros por precio de cruz, esperan en la segunda venida, para que Jesús les traiga el Reino y sane sus enfermedades y absorba toda lágrima. Esto, querido lector, ya lo hizo en su primera venida, y lo voy a desglosar más adelante, cuando lleguemos al entendimiento de la nueva Jerusalén. **La segunda venida no está relacionada con ser redimidos de las obras del diablo, cualquiera que estas sean, eso perteneció a la primera.**

Yo soy Israelita de sangre, oro por la salvación de todo el pueblo Judío. Pero mi mira no está en la Jerusalén terrenal como objetivo final, sino en la celestial, porque estamos bajo el pacto del Espíritu y no en el de la carne.

El reino de Dios es celestial, no terrenal, Jesús reina sentado a la diestra del Padre desde la Jerusalén de arriba.

> *Si, pues, habéis resucitado con Cristo,* **buscad las cosas de arriba, donde está Cristo sentado a la diestra de Dios.** *(Esto es gobernando)*
>
> *Colosenses 3:1 (Énfasis por la autora)*

> *Poned la mira* **en las cosas de arriba, no en las de la tierra.** *Porque habéis muerto (concerniente a las cosas de este mundo), y vuestra (genuina) vida está escondida con Cristo en Dios).*
>
> *Colosenses 3:2-3 Biblia Amplificada*

Así que, hermanos, nosotros, como Isaac, somos hijos de la promesa.

Pero como entonces el que había nacido según la carne perseguía al que había nacido según el Espíritu, así también ahora.

Mas ¿qué dice la Escritura? Echa fuera a la esclava y a su hijo, porque no heredará el hijo de la esclava con el hijo de la libre.

De manera, hermanos, que no somos hijos de la esclava, sino de la libre.

Gálatas 4:28-31

Lo que quiero que nos quede claro es que, si Jesús no estuviera ya reinando en Su Reino, si no se hubiera sentado en Su trono de Gloria, significa que tampoco ha sido coronado Rey de Reyes. Esto, obviamente, crea un gigantesco conflicto.

Esa postura nos deja en un limbo incierto en el cual, entre la ascensión de Cristo y la segunda venida, no está pasando nada. Entonces, al suponer que Cristo no está ya reinando con Su Iglesia, mantiene a la gente en un estado de pasividad y de espera.

Hoy por hoy, la Iglesia, en general, carece de autoridad porque, por un lado, decimos que somos reyes y sacerdotes pero en el fondo lo consideramos tan sólo como una posición teológica, no una realidad.

La mayoría del pueblo de Dios no sabe reinar, y aún menos tomar autoridad, ni cambiar sus circunstancias, porque se ha transferido el reino a un futuro incierto. Para los que así piensan, el reino es tan sólo una esperanza pero no una realidad y, por esta causa, el diablo está ganando muchas batallas en sus vidas.

Si este limbo o período de espera es cierto, el evangelio glorioso de Jesucristo no tiene sentido en nuestra vida, ya que vivimos el mismo dolor, carencias y enfermedades que cualquier inconverso, y lo único que tenemos, es una esperanza para cuando muramos o Cristo vuelva. Si esto es cierto, todas las promesas que leímos anteriormente concernientes al reino, tampoco tienen sentido.

Como dije al principio de este capítulo, estamos en tiempos tan peligrosos como los de la primera venida, en que las ideas preconcebidas nos encajonan y distorsionan para no ver la gloria de nuestro Mesías.

> *Pero si nuestro evangelio está aún encubierto, entre los que se pierden está encubierto; en los cuales el dios de este siglo* **cegó el entendimiento de los incrédulos, para que no les resplandezca la luz del evangelio de la gloria de Cristo***, el cual es la imagen de Dios.*
>
> *2 Corintios 4:3-4*

Hoy, se predica un evangelio de gracia y de salvación, pero la luz del evangelio de la gloria de Cristo, del Señor de Señores reinando con todo poder y autoridad, sigue encubierto para todo el que vive en incredulidad. Especialmente incredulidad sobre el reino ya presente y el poder que viene con él.

La gente está tan estructurada en cuanto a todo lo que tiene que suceder, paso por paso, antes, durante y después de lo que conciben como la segunda venida de Jesús, que les pasará lo mismo que a los Escribas y Doctores de la Ley. Si Jesús no se mueve conforme a sus teologías, y a sus ideas preconcebidas, no lo podrán ver.

Hoy, por hoy cientos de miles de personas estamos viviendo y experimentando el Poder y la majestad del Reino de Dios. El Reino no nos es más una esperanza lejana, sino una realidad visible, palpable y demostrable.

La primera venida del Mesías es PODEROSÍSIMA, y tenemos que entender y darle valor a todo lo que fue pagado para nosotros en la Cruz del Calvario para darnos acceso a la vida nueva en el Reino de Dios.

Te invito a ser valiente y a desestructurarte, a encontrar esa posición neutra y humilde para que los cielos se puedan abrir aún más sobre tu vida y el Espíritu Santo te anuncie lo que Él está diciendo.

Entiendo que hay verdades aquí escritas que son fuertes y crean tal vez un choque con las estructuras con las que hemos sido formados.

A veces es necesario detenernos y orar, pero te animo a que termines de leer este libro, muchas cosas se harán más claras en la medida que continúas leyendo.

La Iglesia necesita replantearse, por qué cree lo que cree, necesita buscar la verdad en el Espíritu de revelación que es Cristo Jesús. Y desechar una cantidad de fábulas que hemos venido heredando sin jamás cuestionarnos de donde vienen y si son coherentes al Espíritu de Cristo y al plan de Dios.

8. EL TABERNÁCULO DE DIOS Y LA NUEVA JERUSALÉN

1.- EL TABERNÁCULO DE CARNE.

Hemos ya analizado nuestro primer y segundo tema "Cielos nuevos y tierra nueva" y "La obra del Mesías". Ahora tocaremos el tercer tema: "El tabernáculo de Dios y la Nueva Jerusalén".

Es importante analizarlo para poder entender los diferentes aspectos del Apocalipsis y tener una escatología apropiada. Si este tema nos queda claro, muchas de las piezas que son confusas se acomodarán en el rompecabezas.

La historia establece que el templo físico en Jerusalén fue destruido en el año 70 D.C. Con su muerte y resurrección, Jesús iba a establecer un nuevo tabernáculo en los creyentes: el Templo de Dios en el Espíritu, que remplazaría al construido de piedra.

> *Respondió Jesús y les dijo: Destruid este templo, y en tres días lo levantaré.*
>
> *Juan 2:19*

> *¿O ignoráis que vuestro cuerpo es **templo** del Espíritu Santo, el cual está en vosotros, el cual tenéis de Dios, y que no sois vuestros?*
>
> *1 Corintios 6:19*

> *Así que ya no sois extranjeros ni advenedizos, sino **conciudadanos** de los santos, y miembros de la familia de Dios, edificados sobre el fundamento de los apóstoles y profetas, siendo la principal piedra del ángulo Jesucristo mismo, en quien todo el edificio, bien coordinado, va creciendo para ser un templo santo en el Señor; en quien vosotros también sois juntamente edificados para morada de Dios en el Espíritu.*
>
> Efesios 2:19-22

Estas escrituras son el cumplimiento de la palabra hablada por el profeta Ezequiel:

> *Y haré con ellos pacto de paz, pacto perpetuo será con ellos; y los estableceré y los multiplicaré, y pondré mi santuario entre ellos para siempre. Estará en medio de ellos mi tabernáculo, y seré a ellos por Dios, y ellos me serán por pueblo. Y sabrán las naciones que yo Jehová santifico a Israel, estando mi santuario en medio de ellos para siempre.*
>
> Ezequiel 37:26-28

Todas las teologías están de acuerdo en que esta profecía se cumple en la primera venida de Cristo, cuando el Señor hace Su morada en nosotros, sus hijos.

> *Respondió Jesús y le dijo: Él que me ama, mi palabra guardará; y mi Padre le amará, y vendremos a él, y haremos morada con él.*   Juan 14:23

El Espíritu Santo viviendo en nosotros hace posible que el Padre y el Hijo hagan morada en nuestro espíritu, el cual Dios transforma en la nueva arca donde Él asienta Su presencia. Todos están de acuerdo en que esto no es para el futuro, sino para nosotros, hoy.

Sin embargo, cuando leemos esta misma escritura en el Apocalipsis, ya no creemos que sea para hoy, sino para el futuro. En esta confusión el diablo nos roba el poder para reinar con Cristo.

> *Y yo Juan vi la santa ciudad, la nueva Jerusalén, descender del cielo, de Dios, dispuesta como una esposa ataviada para su marido. Y oí una gran voz del cielo que decía:* **He aquí el tabernáculo de Dios con los hombres,** *y él morará con ellos; y ellos serán su pueblo, y Dios mismo estará con ellos como su Dios.*
> Apocalipsis 21:2-3

Esta confusión sucede, porque hay un pensamiento arraigado en la mente, y en las teologías que dice que Apocalipsis 21 TIENE QUE SUCEDER después de la destrucción de la tierra, por lo que no podemos ver que esta escritura es exactamente la misma que profetizó Ezequiel sobre la primera venida de Cristo.

El Apocalipsis es coherente y se confirma con el Antiguo Testamento, no es una revelación aislada y diferente. Dios no establecerá su tabernáculo en medio de los hombres en un futuro. ¡Él ya lo hizo! La Iglesia es Su templo, Él legítimamente mora en los verdaderos creyentes. **Pensar que Él no ha hecho su tabernáculo en nosotros es negar el corazón mismo del evangelio.**

Luego, si esto es una verdad fundamental, me llevará a interpretar correctamente el resto de este capítulo 21. La segunda escritura que me da absoluta seguridad de que este pasaje se refiere a algo que ya ocurrió es:

> *Y me dijo: Hecho está. Yo soy el Alfa y la Omega, el principio y el fin. Al que tuviere sed, yo le daré gratuitamente de la fuente del agua de la vida.*
> Apocalipsis 21:6

Estas son las mismas palabras mencionadas por Jesús antes de morir, cuando dijo: "Hecho está". Con esto, dejó claro que su obra redentora había terminado y que, en ese momento, culminaba el Antiguo Pacto para dar lugar al establecimiento del Nuevo. Tenga en consideración que cuando Jesús aseveró estas palabras en la cruz, Él todavía no vivía en el corazón de ningún creyente. Legalmente, quedó comprado el derecho para vivir en nosotros, pero no se manifestó hasta el día de Pentecostés.

También en este pasaje de Apocalipsis hace una invitación a beber de la fuente de la vida, lo que es un claro llamado a la salvación y a la llenura del Espíritu. Es lo que le dijo a la mujer Samaritana en el pozo, y al igual que a ella, Jesús está hablando a un pueblo que vive en un sequedal, que vive regido por la muerte y que necesita beber de Él.

Esto, obviamente, no tiene cabida, si Apocalipsis 21 se refiere a un tiempo posterior a que la tierra ha sido supuestamente destruida como lo suponen las teologías tradicionales. Para ellos, en este pasaje, los salvos están en el cielo y los perdidos en el infierno. La pregunta para ellos es: ¿Si el cielo no es un desierto, y los salvos están allá, ¿cómo es que tienen sed.?

Recordemos que el Apocalipsis no fue escrito en el orden cronológico que lo tenemos en nuestras Biblias y esto ocasiona serios problemas. Teniendo estos principios en mente, vamos a analizar el resto del Capítulo 21.

1a) El Capítulo 21 del Apocalipsis.

Este es uno de los capítulos más importantes para nuestros tiempos y un verdadero legado que Dios nos dejó. El tema que hemos estamos analizando, "el Tabernáculo de Carne", es vital para nuestro caminar con Cristo, y para entender la estructura y la función de la Iglesia en nuestros días. Ahora, analizaremos en profundidad el capítulo 21. Entenderlo, nos aclarará muchas cosas que hoy están confusas.

El capítulo empieza con la declaración que todas las cosas han sido hechas nuevas. Este es el principio de la era del Mesías, el momento, en que Él se sienta en su trono, a la diestra del Padre, después de la ascensión. Cielos y Tierra han sido redimidos por Jesús y una era de luz ha dado comienzo.

> *Vi un cielo nuevo y una tierra nueva; porque el primer cielo y la primera tierra pasaron, y el mar ya no existía más.*
>
> *Apocalipsis 21:1*

Este mar que menciona aquí la escritura, no son los hermosos océanos que Dios creó, sino una de las tres regiones más importantes de la muerte que Jesús conquistó en la Cruz del Calvario y por la eternidad ya está vencida. El Apocalipsis habla de tres diferentes tipos de mares.

1b) El mar de Dios.

> *Vi también como un mar de vidrio mezclado con fuego; y a los que habían alcanzado la victoria sobre la bestia y su imagen, y su marca y el número de su nombre, en pie sobre el mar de vidrio, con las arpas de Dios.*
>
> *Apocalipsis 15:2*

2. El mar terrenal, esto es, los océanos.

3. El mar, una región de muerte, que se encuentra bajo los océanos.

> *Y el mar entregó los muertos que había en él; y la muerte y el Hades entregaron los muertos que había en ellos; y fueron juzgados cada uno según sus obras.*
>
> Apocalipsis 20:13

Note que aquí el mar entrega a los muertos. Si este fuera el océano y se refiriera a los ahogados en él, el pasaje diría: El mar entregó a sus muertos y la tierra a sus difuntos. Pero no dice eso. Habla de tres regiones espirituales desde donde gobierna la muerte. El mar (también llamado el abismo), la muerte y el Hades. Este lugar de muerte es también el que sustenta a Babilonia, "la gran ramera". El ángel que decreta su juicio arroja una piedra de molino sobre la región de muerte que sustenta esta estructura espiritual. Esta región se encuentra sobre muchos pueblos y naciones.

> *Y un ángel poderoso tomó una piedra, como una gran piedra de molino, y la arrojó en el **mar**, diciendo: Con el mismo ímpetu será derribada Babilonia, la gran ciudad, y nunca más será hallada.*
>
> Apocalipsis 18:21

Es desde esa región de la muerte que surge la bestia mencionada en Apocalipsis 13.

> *Me paré sobre la arena del **mar**, y vi subir del **mar** una bestia que tenía siete cabezas y diez cuernos; y en sus cuernos diez diademas; y sobre sus cabezas, un nombre blasfemo.*   *Apocalipsis 13:1*

Esta región de muerte mantiene cautivas a las naciones y aniquila la vida espiritual de la gente, y no tiene nada que ver con los océanos.

> *Me dijo también: las aguas que has visto donde la ramera se sienta, son pueblos, muchedumbres, naciones y lenguas.*
>
> *Apocalipsis 17:15*

2.-LA NUEVA JERUSALÉN.

A partir del versículo 2 del capítulo 21, vemos aparecer otro tema que se hila claramente al tabernáculo de Dios con los hombres, el cual es la Nueva Jerusalén. Este es también nuestro cuarto principio de interpretación.

A lo largo de las Epístolas Paulinas, vemos el tema de la Jerusalén celestial como una de las formas en que Dios llama a su Iglesia. La Jerusalén física, era el lugar donde Dios habitaba durante el Antiguo Pacto, y la Jerusalén de arriba, la Celestial, somos nosotros los creyentes tanto judíos como gentiles.

> *Porque Agar es el monte Sinaí en Arabia, y corresponde a la **Jerusalén** actual, pues ésta, junto con sus hijos, está en esclavitud. Mas la **Jerusalén** de arriba, la cual es madre de todos nosotros, es libre.*
>
> *Gálatas 4:25-26*

> *Sino que os habéis acercado al monte de Sion, a la ciudad del Dios vivo, **Jerusalén** la celestial, a la compañía de muchos millares de ángeles...*
>
> *Hebreos 12:22*

En estos dos pasajes vemos, claramente, que la Iglesia nacida del Espíritu es la Jerusalén Celestial y que nosotros somos el Templo de Dios, la ciudad Celestial. Está ciudad Celestial ya fue establecida en medio de nosotros por Jesús, por lo tanto, Él ya está en medio de Su pueblo, como el Árbol de la vida, vivificando a Su cuerpo como la vid a sus pámpanos.

La ciudad Celestial es nuestro diseño como Iglesia gloriosa. La Ciudad es el Tabernáculo de Dios con los hombres. Si la ciudad fuera para un futuro entonces actualmente tampoco somos el Templo de Dios.

Se da cuenta qué importante es entender este tema.

> *Y yo Juan vi la santa ciudad, la nueva Jerusalén, descender del cielo, de Dios, dispuesta como una esposa ataviada para su marido.*
>
> *Apocalipsis 21:2*

> *Y oí una gran voz del cielo que decía: He aquí el tabernáculo de Dios con los hombres, y él morará con ellos; y ellos serán su pueblo, y Dios mismo estará con ellos como su Dios.*
>
> *Apocalipsis 21:3*

En el versículo 4 Juan cita partes del capítulo 60 del Profeta Isaías. Recuerde que Jesús dijo, acerca del cumplimiento de estas profecías, que todo lo concerniente a Él en la Torá, en los Profetas y en los Salmos, ya se había cumplido. (Lucas 24:44)

Veamos el paralelismo:

> *Enjugará Dios toda lágrima de los ojos de ellos; y ya no habrá muerte, ni habrá más llanto, ni clamor, ni dolor; porque las primeras cosas pasaron.*
>
> Apocalipsis 21:4

Paralelo a Isaías 60:18 y 20b

> **Nunca más se oirá en tu tierra violencia, destrucción ni quebrantamiento en tu territorio, sino que a tus muros llamarás Salvación, y a tus puertas Alabanza.**
>
> *y los días de tu luto serán acabados.*
>
> Apocalipsis 21:23

La ciudad no tiene necesidad de sol ni de luna que brillen en ella; porque la gloria de Dios la ilumina, y el Cordero es su lumbrera.

Paralelo a: Isaías 60:19-20a

> *El sol nunca más te servirá de luz para el día, ni el resplandor de la luna te alumbrará, sino que Jehová te será por luz perpetua, y el Dios tuyo por tu gloria.*
>
> *No se pondrá jamás tu sol, ni menguará tu luna; porque Jehová te será por luz perpetua,*
>
> Apocalipsis 21:24-25

Y las naciones que hubieren sido salvas andarán a la luz de ella; y los reyes de la tierra traerán su gloria y honor a ella.

Sus puertas nunca serán cerradas de día, pues allí no habrá noche.

Paralelo a Isaías 60:11

Tus puertas estarán de continuo abiertas; no se cerrarán de día ni de noche, para que a ti sean traídas las riquezas de las naciones, y conducidos a ti sus reyes.

Para quien no vive la realidad del Reino invisible del Espíritu, estas profecías son incomprensibles. Pero para los que se han unido en un Espíritu con Jesús, para la esposa del Cordero, es su vivir cotidiano. Ese mismo pasaje de Isaías empieza con el anuncio de la obra del Mesías que todos reconocen es para nuestros días.

> *Levántate, resplandece;* **porque ha venido tu luz, y la gloria de Jehová ha nacido sobre ti.** *Porque he aquí que tinieblas cubrirán la tierra, y oscuridad las naciones; mas sobre ti amanecerá Jehová, y sobre ti será vista su gloria. Y andarán las naciones a tu luz, y los reyes al resplandor de tu nacimiento.*
>
> *Isaías 60:1-3*

Es esta misma luz la que brilla, llena de gloria, en la ciudad Celestial, que es Jesús unido a Su Iglesia. Él es nuestra única luz que alumbra nuestro entendimiento. La tierra en el viejo pacto, estaba llena de tinieblas, y oscuridad cubrían las naciones, pero cuando el Mesías venció, nos heredó Su luz para iluminar con ella al mundo entero. Tanto Isaías como Apocalipsis, hablan de la Iglesia gloriosa, no en el futuro, sino aquí y ahora. Una Iglesia en el Espíritu que le cree a Dios.

La Iglesia es la que tiene esas puertas de continuo abiertas para todo aquel que quiera beber del agua de la vida gratuitamente.

Pero ésta es la Iglesia vista desde los cielos, la Iglesia que ha entrado a poseer el Reino, estos no son todos los que hoy asisten a una Iglesia Cristiana y dicen "Señor, Señor".

Todos pueden entrar a nuestras Iglesias y escuchar la palabra, pero no todos pueden entrar al Reino, sino sólo los que lavan sus ropas con la sangre del Cordero. Los que se alejan del pecado y la iniquidad, y arrebatan las verdades del Reino, son los que entran a Su reino.

Pero los cobardes e incrédulos, los abominables y homicidas, los fornicarios y hechiceros, los idólatras y todos los mentirosos tendrán su parte en el lago que arde con fuego y azufre, que es la muerte segunda.

Vino entonces a mí uno de los siete ángeles que tenían las siete copas llenas de las siete plagas postreras, y habló conmigo, diciendo: Ven acá, yo te mostraré la desposada, la esposa del Cordero.

Y me llevó en el Espíritu a un monte grande y alto, y me mostró la gran ciudad santa de Jerusalén, que descendía del cielo, de Dios...

> *Teniendo la gloria de Dios. Y su fulgor era semejante al de una piedra preciosísima, como piedra de jaspe, diáfana como el cristal.*
>
> *Apocalipsis 21:8-11*

Aquí Juan habla de los diseños de Dios descendiendo del Cielo. Mucha gente, cuando oye la palabra cielos, no lo puede relacionar a su vivir cotidiano porque lo mira como un asunto en el futuro, como algo ajeno a su realidad terrenal. Sin embargo, para Jesús, los cielos y la tierra están unidos en Él. Él vivía en los cielos y en la tierra al mismo tiempo, es decir, se movía en las dos dimensiones simultáneamente.

> *Si os he dicho cosas terrenales, y no creéis, ¿cómo creeréis si os dijere las celestiales? Nadie subió al cielo, sino el que descendió del cielo; el Hijo del Hombre, que está en el cielo.*
>
> *Juan 3:12-13*

Jesús, mencionó esto mucho antes de Su ascensión al cielo. Él dijo que subió y que bajó y que estaba en el cielo. La verdad es que ésta es la auténtica forma de vivir en el Reino. Jesús abrió el camino a los cielos para que nos acercáramos confiadamente a Su trono de gracia. Vivir las revelaciones que vivió Juan debiera ser el ámbito común de los hijos de Dios. En Jesús, los cielos y la tierra han sido unidos, el que está genuinamente en Jesús tiene acceso a los cielos igual que cuando Jesús estuvo en la tierra.

> *de reunir todas las cosas en Cristo, en la dispensación del cumplimiento de los tiempos, así las que están en los cielos, como las que están en la tierra.*
>
> *Efesios 1:9-10*

Miles de personas son arrebatadas todo el tiempo a ver y a experimentar las dimensiones del cielo. Si esto no es todavía una realidad para usted, es porque quizás nunca había visto esa posibilidad.

¡Atrévase a creer y arrebate el Reino para su vida! La religión mira al cielo como algo lejano arriba en las alturas, pero Jesús lo trajo a la tierra para que lo disfrutáramos mientras estamos vivos aquí en este mundo. Jesús preparó la ciudad celestial para nosotros para que donde él está nosotros estemos también.

En la casa de mi Padre muchas moradas hay; si así no fuera, yo os lo hubiera dicho; voy, pues, a preparar lugar para vosotros. Y si me fuere y os preparé lugar, vendré otra vez, y os tomaré a mí mismo, para que donde yo estoy, vosotros también estéis.

Juan 14:2-3

Si Jesús está en nosotros y nosotros en Él, entonces, nuestra morada espiritual está también en medio de nosotros.

Porque sabemos que si nuestra morada terrestre, este tabernáculo, se deshiciere, tenemos de Dios un edificio, una casa no hecha de manos, eterna, en los cielos. Y por esto también gemimos, deseando ser revestidos de aquella nuestra habitación celestial; pues así seremos hallados vestidos, y no desnudos. Porque asimismo los que estamos en este tabernáculo gemimos con angustia; porque no quisiéramos ser desnudados, sino revestidos, para que lo mortal sea absorbido por la vida.

2 Corintios 5:1-4

En este pasaje, vemos como nuestra morada espiritual es nuestro verdadero vestido. Pablo gime para ser revestido de esa morada. No viene a él por la obra de la gracia, él tiene que arrebatarla en oración y mediante gemidos indecibles. Lo maravilloso del resultado de ser recubiertos de nuestra habitación celestial es que, lo mortal, es absorbido por la vida. El tabernáculo de Dios, es Jesús mismo formándose en nosotros, Él es el Reino y también la ciudad que desciende del cielo. Cuando entiendo esto y lo persigo hasta que sea una realidad en mi vida, todo lo mortal de este mundo no puede tocarme. Esto no es una forma de hablar, ni una forma de interpretar la Escritura, sino que es la realidad en la que estamos ya viviendo muchos de nosotros.

Tanto el Padre como el Hijo se manifiestan a nuestras vidas a través de esa morada celestial por medio del Espíritu Santo.

> *En aquel día vosotros conoceréis que yo estoy en mi Padre, y vosotros en mí, y yo en vosotros. El que tiene mis mandamientos, y los guarda, ése es el que me ama; y el que me ama, será amado por mi Padre, y yo le amaré, **y me manifestaré a él**. Le dijo Judas (no el Iscariote): Señor, **¿cómo es que te manifestarás a nosotros, y no al mundo?***
>
> *Respondió Jesús y le dijo: El que me ama, mi palabra guardará; y mi Padre le amará, y vendremos a él, **y haremos morada con él**.*
>
> Juan 14:20-23

Cuando Dios se manifiesta haciendo morada en nosotros, entonces conocemos cómo hemos sido concebidos. Ya no nos vemos más en nuestros problemas y debilidades, sino como los poderosos hijos de Dios, llenos de la gloria que Él ya nos dio, para gobernar en la tierra.

> *Si, pues, habéis resucitado con Cristo, buscad las cosas de arriba, donde está Cristo sentado a la diestra de Dios. Poned la mira en las cosas de arriba, no en las de la tierra. Porque habéis muerto, y vuestra vida está escondida con Cristo en Dios. Cuando Cristo, vuestra vida, se manifieste, entonces vosotros también seréis manifestados con él en gloria.*
>
> Colosenses 3:1-4

Volvamos al pasaje de Apocalipsis 21.

> *La ciudad no tiene necesidad de sol ni de luna que brillen en ella; porque la gloria de Dios la ilumina, y el Cordero es su lumbrera.* Apocalipsis 21:23

Jesús es la luz que ilumina nuestro templo. Él lleva a tres de sus discípulos a la cumbre del monte para enseñarles que Él mismo es el reino, el poder y la gloria en persona. Moisés y Elías aparecen para representar a la ley y a los profetas como testigos de la gloria de Dios. Jesús resplandeció mucho más que el sol del mediodía, mostrándoles la Jerusalén Celestial descrita en Apocalipsis.

La ciudad Celestial es el cuerpo de Jesús, compuesta de todas las piedras vivas que son todos los creyentes con su belleza y características individuales. Tiene el resplandor de Dios por sus muros y está constituida en cubo, igual que el Lugar Santísimo, porque en ella mora el Dios vivo. En su centro, está el Árbol de la vida y el río de Dios, los cuales son Jesús, quien es la vida eterna y el agua que vivifica a todo el que de ella bebe. Es desde en medio de nosotros que salta esa fuente del agua de vida que es el río de Dios.

> *mas el que bebiere del agua que yo le daré, no tendrá sed jamás; sino que el agua que yo le daré será en él una fuente de agua que salte para vida eterna.*
>
> *Juan 4:14*

El que ha entendido lo que significa ser el Templo de Dios, sabe que el altar de donde fluyen las aguas de vida es su propio espíritu unido al de Dios y no permite que cosa inmunda entre en él. La persona que vive en la ciudad celestial, no tiene que pedirle a Dios que la lleve al Lugar Santísimo, como si fuera un lugar separado de sí mismo, ella misma habita en él, y de ahí se nutre y respira.

El diseño de la ciudad no es una pirámide con un hombre en la cima y los demás debajo de él, sino un cubo que es el cuerpo unido y en armonía con una sola cabeza, la cual es Cristo.

Hoy, tenemos muchas pirámides como estructuras de la Iglesia, pero Dios está haciendo una obra gloriosa en muchas de ellas, uniéndolas por el Espíritu, para formar el diseño genuino a través del cual Él gobernará ciudades enteras y naciones. El diseño de la Iglesia es una ciudad, no un montón de denominaciones divididas entre sí.

Veremos, en el futuro próximo, miles de Iglesias llenas del entendimiento de Dios, transformando el sistema piramidal en Iglesias-ciudad, y la gloria de Dios las llenará. Sus cimientos son el gobierno apostólico de Cristo, ellos no son visibles ni destacan, sino que están recubiertos de las piedras preciosas. Estas son sus hijos en el ministerio y sus discípulos, que ellos hacen brillar como fruto de su verdadero apostolado. Las puertas son 12 perlas, porque el acceso es por medio de entrar al Reino, el cual es la perla de gran precio.

Cristo mismo es la perla. Su gobierno y Sus principios están simbolizados por el número 12. Una perla surge del sufrimiento de una ostra cuando una piedrecita entra dentro de ella. Esto nos habla de Cristo, la Roca, revestido de gloria por sus padecimientos. La obra redentora de la cruz nos da acceso al Reino de Dios, que es la gran ciudad. La misión de la ciudad, de la esposa, es resplandecer y llevar la gloria de Dios a las naciones. Es la luz que alumbra sobre el Monte de Sión para iluminación del conocimiento de Dios. Ella cuida que nada inmundo entre, y abre sus puertas para traer a aquellos que están sedientos del Señor. No está en competencia contra sí misma, ni dividida, sino unida por todas las coyunturas, creciendo como un edificio espiritual.

Así que ya no sois extranjeros ni advenedizos, sino conciudadanos de los santos, y miembros de la familia de Dios, edificados sobre el fundamento de los apóstoles y profetas, siendo la principal piedra del ángulo Jesucristo mismo, **en quien todo el edificio, bien coordinado, va creciendo para ser un templo santo en el Señor;**

en quien vosotros también sois juntamente edificados para morada de Dios en el Espíritu.

Efesios 2:19-22

La ciudad desciende del cielo porque son los diseños de Dios para su Iglesia, la cual es Su esposa. Es en las dimensiones del Espíritu donde nos casamos con el Cordero, y es la esposa la que puede ver y entender sus diseños gloriosos, en el corazón de Dios.

9. LA ESPOSA DEL CORDERO

Este es uno de los temas más importantes que el Espíritu Santo quiere que entendamos, ya que es medular para conocer lo concedido de parte de Dios. Es también nuestro quinto tema de interpretación que acomodará muchas piezas sueltas en el rompecabezas del Apocalipsis.

El matrimonio en lo natural es consumado cuando hombre y mujer se hacen una sola carne en la intimidad, cuando ella se vuelve carne de su carne y hueso de sus huesos. De esto escribe claramente el Apóstol Pablo.

> *Porque el marido es cabeza de la mujer, así como Cristo es cabeza de la iglesia,* **la cual es su cuerpo**, *y él es su Salvador. Porque nadie aborreció jamás* **a su propia carne,** *sino que la sustenta y la cuida, como también Cristo a la iglesia,* **porque somos miembros de su cuerpo, de su carne y de sus huesos.** *Por esto dejará el hombre a su padre y a su madre, y se unirá a su mujer, y los dos serán una sola carne. Grande es este misterio; mas yo* **digo esto respecto de Cristo y de la iglesia.**
>
> *Efesios 5:23 y 29-32*

> *Pero el que se une al Señor, **un espíritu es con él**.*
>
> 1 Corintios 6:17

En estos pasajes queda más que claro que para ser el cuerpo de Cristo, necesariamente tenemos que estar unidos a Él como Su **esposa**.

Cuando el hombre y la mujer se casan se hacen una sola carne. De la misma manera, cuando nos casamos con Jesús nos volvemos UN ESPÍRITU con Él. Cuando Él dijo "Hecho está", quería decir que la obra quedó terminada. Por su sangre, Él nos lavó completa y absolutamente. En Su sangre, ya no hay ni manchas ni arrugas, somos limpios como la nieve. Esta es la obra de la gracia.

Entender esto, hace toda la diferencia, ya que si tan sólo somos la novia de Cristo esperando casarnos en un futuro con Él, entonces, todavía no somos su cuerpo. La novia no tiene acceso legal a nada de lo que le pertenece al varón, pero una vez casada, tiene acceso a todo. La chequera del Rey sólo la tiene la esposa. La novia no puede tener intimidad con su amado sino hasta que se casan.

Esto es un asunto de medular importancia, porque mientras estemos esperando las bodas del Cordero en un futuro incierto, no tendremos acceso a nada, y es ahí donde el diablo nos roba el poder, las riquezas y la entrada a las cámaras del Rey y la gloria de la primera venida del Mesías.

El Apóstol John Eckhardt, escribe en su libro *"He aquí yo vengo pronto":*

"Las bodas escatológicas están conectadas con la caída de Babilonia. Ambas suceden al término de la era. La prostituta (la Israel del tiempo de Jesús la cual quebrantó el pacto y cayó en apostasía) es juzgada y un nuevo matrimonio es consumado con la Iglesia del nuevo pacto.

Esta boda escatológica es el cumplimiento de la promesa dada por Dios a Israel la cual estaba comprometida en justicia con Él para el matrimonio (Oseas 2:19-20). Este compromiso matrimonial era a través de Jesús y el Nuevo Pacto con La Iglesia del primer siglo compuesta por Judíos y gentiles. La invitación al casamiento fue hecha en el primer siglo. En ese entonces, todo estaba ya preparado para que se efectuara. Muchos han tratado de poner estas bodas al final de la era Cristiana y no al final de la era Judía.

La parábola de las diez vírgenes (Mateo 25), refleja este compromiso de bodas entre Cristo y Su Iglesia. El Señor se fue a preparar lugar para Su Iglesia y regresaría para llevársela a la cámara nupcial. Las cinco vírgenes prudentes estaban preparadas para ese retorno, las cinco necias, no estuvieron listas. El aceite representa la unción y el vivir por el Espíritu Santo.

Generación. La bodas del cordero ocurrirían pronto (Apocalipsis 1:1, 3 y 19:7-9). Juan el bautista se regocijó al escuchar la voz del novio (Juan 3:19). Todo esto tiene una aplicación para el primer siglo. Jesús, el novio, había venido a este mundo y llamaba a Su Iglesia a las bodas. El compromiso de bodas fue profetizado por Oseas (Oseas 2:19-20). "La parábola de las diez vírgenes refleja las costumbres judías en los días de Jesús. El novio se demoraría en regresar entretanto preparaba lugar para su novia en la casa de Su Padre. Una vez preparado el lugar, el novio regresaría por ella (Juan 14:1-3).

De ahí, los novios se van en procesión a la casa del padre para celebrar la boda y las fiestas.

Y oí como la voz de una gran multitud... que decía: ¡Aleluya, porque el Señor nuestro Dios Todopoderoso reina!

> *Gocémonos y alegrémonos y démosle gloria; porque han llegado las bodas del Cordero, y su esposa se ha preparado.*
>
> *Apocalipsis 19:6-7*

El reino de Dios fue manifestado a través de los juicios de Babilonia, los santos se gozan con la llegada de las bodas, ya que ahora podrán recibir las bendiciones del reino que ha sido consumado.

Esto es lo que los Apóstoles enseñaron en cuanto a lo que Iglesia primitiva debía esperar y recibir".[16]

Jesús preparó la morada para unirse con nosotros, como el esposo prepara casa par su mujer.

> *En la casa de mi Padre muchas moradas hay; si así no fuera, yo os lo hubiera dicho; voy, pues, a preparar lugar para vosotros.*
>
> *Y si me fuere y os preparare lugar, vendré otra vez, y os tomaré a mí mismo,* **para que donde yo estoy, vosotros también estéis.**
>
> *Juan 14:2-3*

Jesús está en el corazón de los creyentes y nosotros en Él. Esto no es para el fututo, sino que es una verdad medular del evangelio.

En el capítulo anterior al estudiar Apocalipsis 21 Vimos cómo la Nueva Jerusalén es la Morada de Dios con los hombres aquí y ahora. Note también que la esposa del Cordero, es El tabernáculo de carne donde Él habita.

> *Y yo Juan vi la santa ciudad, la nueva Jerusalén, descender del cielo, de Dios, dispuesta como una esposa ataviada para su marido.*
>
> *Y oí una gran voz del cielo que decía: He aquí el tabernáculo de Dios con los hombres, y él morará con ellos; y ellos serán su pueblo, y Dios mismo estará con ellos como su Dios.*
>
> *Apocalipsis 21:2-3*

LA CONSUMACIÓN DE LAS BODAS DEL CORDERO
APOCALIPSIS 19

Como ya vimos anteriormente, la Iglesia, el cuerpo de Cristo, ya es Su esposa. Entonces, ¿qué son estas bodas en Apocalipsis 19 y cómo se manifiestan en nuestras vidas?

Como hemos estado estudiando, este es un libro vivo y un manual del reino que nos capacita para gobernar con Cristo. Al leer tanto el capítulo 19 como el 21, queda claro que éste legado de Juan no es cronológico.

Lo primero que quiero que note, es que en este pasaje tan aclamado como "las bodas del Cordero", no se lee ninguna ceremonia matrimonial ni aparece el novio por ninguna parte.

Es importante recordar que los títulos asignados a los capítulos de la Biblia, no son de inspiración divina, sino que fueron puestos posteriormente al establecerse el canon, al igual que las divisiones de versículos y capítulos, para así ayudar a la lectura de las Escrituras.

Desgraciadamente, al leer los títulos del Apocalipsis, necesariamente nos desvían de la revelación y nos encajonan al pensamiento de quién los escribió. Así que dejando a un lado los títulos de este pasaje, enfoquémonos a los principios del conocimiento de Dios que estamos estudiando.

Gocémonos y alegrémonos y démosle gloria; porque han llegado las bodas del Cordero, y su esposa se ha preparado. Y a ella se le ha concedido que se vista de lino fino, limpio y resplandeciente; porque el lino fino es las acciones justas de los santos.

Y el ángel me dijo: Escribe: Bienaventurados los que son llamados a la cena de las bodas del Cordero. Y me dijo: Éstas son palabras verdaderas de Dios.

> *Yo me postré a sus pies para adorarle. Y él me dijo: Mira, no lo hagas; yo soy consiervo tuyo, y de tus hermanos que retienen el testimonio de Jesús. Adora a Dios; porque el testimonio de Jesús es el espíritu de la profecía.*
>
> Apocalipsis 19:7-10

Recalqué en negritas las dos partes claves para entender lo que Dios nos quiere decir. Lo primero que nos muestra, es el ámbito en el que ocurre la unión de Su Espíritu con el nuestro; Esto es las dimensiones del Espíritu donde Juan está recibiendo la profecía. Lo segundo, es cómo sucede.

Juan cae postrado ante el ángel por lo impresionante de las visiones y revelaciones que está recibiendo de parte de Dios. Sin embargo, el ángel le aclara que adore a Dios, porque todo lo que está viendo y experimentando, es el Espíritu de la Profecía, el cual es el testimonio de Jesús.

En otras palabras, el ángel le está diciendo: "Todo lo que estás viendo y experimentando es Jesús mismo, es la revelación de todo lo que Jesús vino a hacer. El Espíritu de la profecía es el ámbito donde lo llegas a conocer en Su plenitud, porque la dimensión del Espíritu es Él mismo. Jesús y el cielo son uno, y tienes que ser sumergido en Él para experimentarlo".

La bienaventuranza está en participar de la cena del Señor, porque al comer de Su carne y beber de Su sangre, Su Espíritu y Su vida se casan contigo. El comer y beber de Él nos abre el entendimiento y nos traslada a la dimensión donde Él reina.[17] La cena de Dios es vivir en Él y participar con Él de todas Sus glorias y de Sus juicios sobre la impiedad. Cenar con Él es deleitarnos en su Justicia.

> ¿O no sabéis que los santos han de juzgar al mundo? Y si el mundo ha de ser juzgado por vosotros, ¿sois indignos de juzgar cosas muy pequeñas? ¿O no sabéis que hemos de juzgar a los ángeles? ¿Cuánto más las cosas de esta vida?.
>
> 1 Corintios 6:2-3

Cuando cenamos con Él, Su espíritu se fusiona con el nuestro y podemos conocer a Cristo como Rey gobernante y juez del universo. Jesús se une al verdadero creyente que ha dejado su vida de pecado para sujetarse al Señorío de su esposo en el cielo. Muchas personas que hoy asisten a las iglesias, todavía están en estado de compromiso matrimonial, pero aún no se han casado. Han hecho un pacto de salvación y están en un proceso de regeneración y Jesús los considera parte de él, pero no pueden disfrutar de los privilegios de la esposa hasta que su conversión y su entrega a Dios sea total. Para esto es necesario que sean vencedores.

> He aquí, yo estoy a la puerta y llamo; si alguno oye mi voz y abre la puerta, entraré a él, y cenaré con él, y él conmigo. Al que venciere, le daré que se siente conmigo en mi trono, así como yo he vencido, y me he sentado con mi Padre en su trono.
>
> Apocalipsis 3:20-21

Gobernar, significa traer justicia al agraviado y juicio al impío, y es también la administración de todos los recursos de los cielos y de la tierra. Cuando nuestro espíritu se funde con el de Dios en el matrimonio del Espíritu, entonces se abren las dimensiones del cielo para nosotros y se nos otorga la facultad de pelear y juzgar con Él. Por eso, después de la cena de las bodas, Juan mira el cielo abierto y a Jesús en su caballo blanco.

Entonces vi el cielo abierto; y he aquí un caballo blanco, y el que lo montaba se llamaba Fiel y Verdadero, y con justicia juzga y pelea.

Sus ojos eran como llama de fuego, y había en su cabeza muchas diademas; y tenía un nombre escrito que ninguno conocía sino él mismo.

Estaba vestido de una ropa teñida en sangre; y su nombre es: EL VERBO DE DIOS.

Y los ejércitos celestiales, vestidos de lino finísimo, blanco y limpio, le seguían en caballos blancos.

De su boca sale una espada aguda, para herir con ella a las naciones, y él las regirá con vara de hierro; y él pisa el lagar del vino del furor y de la ira del Dios Todopoderoso. Y en su vestidura y en su muslo tiene escrito este nombre: REY DE REYES Y SEÑOR DE SEÑORES.

> *Y vi a un ángel que estaba en pie en el sol, y clamó a gran voz, diciendo a todas las aves que vuelan en medio del cielo: Venid, y congregaos a la gran cena de Dios.*
>
> *Apocalipsis 19:11-17*

No es en el futuro que Jesús recibirá el nombre del "Verbo de Dios", ni tampoco el título de Su reinado. Él es, hoy por hoy, ese Rey de reyes y Señor de señores que pelea nuestras batallas y establece Su justicia sobre la tierra. Hay juicios sobre hombres individuales y hay juicios sobre ciudades y naciones. Los juicios de Dios no serán de una vez por todas en un solo día. Dios está juzgando las naciones y eso se hace evidente a través de la historia.

En las Escrituras, los caballos montados por los hombres simbolizan la fuerza y el orgullo humano. En este caso, el caballo está siendo montado por Jesús, lo cual habla de Su autoridad y de Su fuerza, la cual ha dado a Su amada.

Jesús, en su caballo blanco, representa la unión de Su Espíritu con el nuestro. Nosotros somos ese caballo blanco, redimido y santificado, que Él dirige con las riendas de Su sabiduría para ejecutar juntos Su justicia.

> ...pero Jehová de los ejércitos visitará su rebaño, la casa de Judá, y los pondrá como su caballo de honor en la guerra.
>
> Zacarías 10:3b

Después de esto oí una gran voz de gran multitud en el cielo, que decía: ¡Aleluya! Salvación y honra y gloria y poder son del Señor Dios nuestro; porque sus juicios son verdaderos y justos; pues ha juzgado a la gran ramera que ha corrompido a la tierra con su fornicación, y ha vengado la sangre de sus siervos de la mano de ella.

Otra vez dijeron: ¡Aleluya! Y el humo de ella sube por los siglos de los siglos. Y los veinticuatro ancianos y los cuatro seres vivientes se postraron en tierra y adoraron a Dios, que estaba sentado en el trono, y decían: ¡Amén! ¡Aleluya!

Y salió del trono una voz que decía: Alabad a nuestro Dios todos sus siervos, y los que le teméis, así pequeños como grandes.

Y oí como la voz de una gran multitud, como el estruendo de muchas aguas, y como la voz de grandes truenos, que decía: ¡Aleluya, porque el Señor nuestro Dios Todopoderoso reina!   Apocalipsis 19:1-6

La Iglesia, que es su esposa sabe legislar en los cielos, ya que es la que intercede, que clama por justicia y también por salvación y misericordia. Ella conoce el latir del corazón del Padre y se une a Él para que Sus juicios sean cumplidos. Ella se goza en conocerlo como Rey soberano y Juez justo.

Una de las grandes cosas que Dios está restaurando en estos tiempos, es Su sistema de justicia sobre la tierra. Todo reino tiene que tener una suprema corte de justicia y el de Dios ciertamente lo tiene. De esto hablaré más adelante cuando estudiemos los 24 ancianos.

Notas

[16] Eckhardt, John "He aquí yo vengo pronto". Título en inglés "Behold I come quickly", pgs. 161 y 162.

[17] La profundidad de este tema lo encuentra en mi libro "Comed de mi Carne y Bebed de Mi sangre". Dra. Ana Méndez Ferrell. Publicado por Ana Méndez Ferrell, Inc.

10 Babilonia la Gran Ramera

1.- ENTRENADOS PARA DERRIBAR A BABILONIA.

Desde el principio de Su mensaje en el Apocalipsis, Jesús está dirigiendo la profecía hacia un clímax, que es el juicio de Babilonia -la gran ramera- y de los sistemas corruptos de este mundo. Para esto, tiene que pulir a la Iglesia con la iluminación y las herramientas necesarias para enfrentarse a ella y someterla.

La Iglesia del primer siglo estaba viviendo las condiciones narradas en las 7 cartas del Apocalipsis, las cuales fueron diseñadas para alentarlos y prepararlos para el juicio que estaba por venir entre los años 66 al 70 (ver Instrumento 2). Sin embargo, en su contenido vivo y eterno son parte de nuestro manual de gobierno divino.

Todo juicio de Dios es justo y los que van a ser asignados para juzgar tienen que ser depurados de toda alianza y prácticas babilónicas para que no sean juzgados junto con ella.

> *Y vi tronos, y se sentaron sobre ellos los que recibieron facultad de juzgar...*
>
> *Apocalipsis 20:4*

> *¿O no sabéis que los santos han de juzgar al mundo? Y si el mundo ha de ser juzgado por vosotros, ¿sois indignos de juzgar cosas muy pequeñas? ¿O no sabéis que hemos de juzgar a los ángeles? ¿Cuánto más las cosas de esta vida?*   1
>
> *Corintios 6:2-3*

2.- PATMOS - TERCERA VISIÓN.

Me encontraba en el lugar de las puertas, dentro del corazón de Dios, cuando apareció delante de mí un hombre con vestiduras blancas y con un librito en una mano y un llavero con muchas llaves en la otra. Le pregunté quien era y a qué había venido, y me contestó 'Soy uno de los profetas del Altísimo y me han sido dadas las llaves para abrir la profecía. Jesús es el Espíritu de la profecía, pero muchas palabras han sido cerradas y a los profetas nos ha sido dado el abrirlas'.

Entonces, abrió el librito, y me entregó una llave. Cuando toqué su mano para tomarla, una luz muy brillante encendió mis ojos, como si estos tuviesen luz propia y, súbitamente, fuimos transportados a una planicie desértica en medio de la cual había una ciudad muy próspera. Nosotros estábamos a cierta distancia, pero podíamos ver con detalle todo lo que sucedía. La ciudad tenía una reina grotesca y abominable que habitaba en su palacio con su hijo. Ambos hacían hechizos y conjuros para aliarse con todos los poderes del reino de las tinieblas, y los grandes principados le daban fuerza para extender su imperio. A ella venían todos los reyes y pueblos de todos los confines de la tierra, gente grande y pequeña, y eran pactados y bebían de un cáliz que los embriagaba para que creyesen sus mentiras. Al beber, eran inmediatamente rodeados de sombras y éstas les hablaban al mismo tiempo que cubrían sus ojos y sus oídos.

Ellos reían y se sentían felices por causa de la bebida que afectaba su razón, y ella les daba grandes sueños y visiones para que se hiciesen fuertes.

Su imperio llenó toda la tierra y los hombres traían su maldad a ella como un tributo y de esta manera, se iba haciendo cada vez más grande y más poderosa. Entonces, se abrió sobre la ciudad una gran apertura en lo que parecía ser un cielo diferente al que nos encontrábamos, era como un hoyo negro y espantoso. En un instante, estábamos ahí el profeta y yo. Ese lugar era la misma ciudad pero vista de otra forma, ya no tenía el esplendor y la prosperidad de la primera.

Se había convertido en una enorme edificación en forma de pirámide oscura y siniestra, había aves de rapiña y cuervos por todos lados. Por dentro y por fuera había prisiones llenas de millones de personas. La ciudad tenía cómo tentáculos y carreteras que salían de ella y llegaban a miles de otras ciudades todas conformadas en forma similar. Estas eran las ciudades espirituales de tinieblas que están sobre cada metrópoli de la tierra.

Por encima y por abajo había como planos, unos que se hundían en una profundidad tenebrosa y otros que aparecían como diferentes niveles hacia arriba. Le pregunté al profeta qué eran esos lugares y dónde nos encontrábamos. Él me dijo: "Esta es la ciudad abominable, la gran ramera que tiene cautivas la naciones y los pueblos". Los cautiva a través del comercio, de la religión y de la política. Y luego añadió: "Aquí, en las dimensiones del Espíritu no es como en la tierra, en la que sólo se puede ver un solo plano existencial aparentemente sólido y en tres dimensiones. Aquí hay muchas más dimensiones, igual como viste en el cielo las múltiples dimensiones del Altísimo".

Alrededor de la ciudad, había siete montes altos, los cuales se reflejaban en los diferentes planos, como cuando uno pone un espejo frente a otro. Las carreteras unían los montes a la gran ciudad y ésta se abastecía no sólo de éstos, sino también de los mares, del infierno, de los pecados de los hombres y de los cuerpos celestes.

Luego, entramos por las puertas de la ciudad las cuales estaban llenas de símbolos masónicos y de hechicería. En la entrada había una cortina hecha como de una nube líquida, todo el que entraba tenía que pasar por ella. Vi millones de personas cruzando por ella, venían encadenados y con yugos sobre ellos. Otros venían tan cargados de demonios que apenas podían caminar. Al pasar, sus rostros se cubrían de una máscara acuosa e imperceptible que afectaba toda su realidad. La máscara hacía que se sintieran bien y que vieran lo abominable como precioso. A lo malo le llamaban bueno y a lo bueno malo, pero no eran más que robots de un sistema. Al ver esto tuve miedo de cruzar, pero entonces el profeta tomó una de sus llaves y la extendió frente a la puerta de agua, la cual se abrió sin tocarnos. Noté entonces que una magnífica cubierta de luz nos rodeaba. El profeta me dijo: 'No temas, el que tiene el Espíritu de la profecía puede pasar por aquí sin ser tocado. Jesús es la Verdad y el que camina en ella camina en Su luz'.

Al cruzar, entramos a una profunda tiniebla. Por dentro era como una ciudad con calles y plazas, pero todo era prisiones en diferentes niveles de profundidad y de oscuridad. Caminamos un rato hasta llegar a una avenida que conducía a uno de los montes. El monte se llamaba religión y la avenida Jezabel, y un enorme demonio con este nombre la custodiaba y dirigía a la gente hacia el monte. En la avenida había muchos comedores donde la gente se deleitaba engordando.

Unos no alcanzaban a llegar al monte, sino que caían en unos abismos donde seguían engordando y adoraban a un horrible demonio cuyo aspecto era como un sapo y cuya piel desbordaba de comida de todo tipo. Era el espíritu de glotonería, que servía a la reina prostituta al lado de otros dos sapos. Uno era Mamón, el dios de la riqueza, y el otro "Pharmakeia", la diosa de la hechicería.

Cuando llegamos al monte, me impactó ver cuán semejante era al monte que había visto en la gloria de Dios, lleno de pequeños montes y que todos ellos eran Jesús. Aquí, el monte era una gran pirámide y estaba llena de pequeñas pirámides. Cada una tenía el nombre de un reino y exaltaban al hombre en la cima. La pirámide estaba hecha de tabiques y cada uno era una prisión y todos ellos estaban cimentados por una substancia oscura llena de letras. Todos eran conformados a la imagen del hombre en la cima y todos tenían las máscaras de la nube de agua. Continuamente se les daba una comida contaminada, pero ellos la veían como deliciosa por causa de la máscara y porque anhelaban ser una pirámide también.

En las prisiones, todos sentían que morían, tenían sed y hambre, pero no podían moverse de ahí porque eran atormentados por demonios de temor y de culpa. Había pirámides de todas las religiones y, desgraciadamente, también del cristianismo. Luego, el profeta me mostró algo que me llenó de gran dolor. Estábamos frente a las pirámides que tenían cristianos, hijos de Dios, y en las manos de cada hombre, en la cima, había una lámpara de aceite que en muchos de ellos estaba apagada.

Hablaban de Jesús, eran hombres y mujeres llamados por Dios y ungidos por Dios pero permitieron que su nombre creciera más en sus propias vidas que el de Jesús.

La gente en las prisiones aclamaba sus nombres y corrían a ellos para aplacar sus dolores. Yo lloré porque vi que millones de nosotros los cristianos estábamos ahí, de una manera o de otra habíamos sido hechos cautivos del sistema de Babilonia. También me vi a mi misma, estaba sentada en un trono juzgando a otros y cubierta de la inmundicia de mi propia justicia.

Cuando me vi caí postrada ante Jesús en arrepentimiento profundo. Entonces vi una visión dentro de la visión y fui llevada por un momento a otro lugar. Jesús quería mostrarme lo que me daría la pauta para nunca más juzgar a nadie y para empezar mi propia salida de Babilonia. Me encontré frente a una boca gigantesca como la de una ballena. De ésta salía una fuerza que me succionaba hacia adentro mientras gritaba llena de terror, el nombre de Jesús. Súbitamente la fuerza se detuvo y oí la voz del Señor que me hablaba como un trueno: '¿Dime qué es más poderoso que la muerte y que el temor?' - 'No sé, Señor, no sé, le respondí temblando.

Entonces me dijo: ¡Es la tentación!' Y luego añadió: Si estás de pié es por mi gracia y sólo por mi gracia. Yo conozco el corazón de cada hombre y si te pusiera frente aquello que no puedes vencer caerías igual que los otros. Todos los hombres pueden caer en las mismas abominaciones, nadie es mejor que el otro. Si no han caído es por mi gracia, es por mi amor que los sustenta'. Entendí muy claramente, cómo todos nos podemos equivocar y aún caer y cómo con nuestras mejores intenciones podemos caer también víctimas de Babilonia. Yo empecé un proceso en que le pedí a Dios que me mostrara qué tanta Babilonia había en mí y cómo salir para siempre de ese sistema que mata la vida de Dios en nosotros. Regresé de aquella visión a la ciudad donde el profeta me esperaba. En ese momento se oyó la voz del Padre que decía:

Las puertas de Babilonia están abiertas para dejar salir a todo aquel que oiga mi voz. Yo estoy gritando desde mi Santo monte:

¡Salid de ahí PUEBLO MÍO! Sólo los que se humillan podrán salir. Sólo los que aman más Mi nombre que el de ellos pueden ver la salida. Muchos de ellos tocaron profundamente mi corazón cuando clamaban por sus ciudades y sus naciones. Tengo junto a mi una redoma llena de sus lágrimas y cada una son tesoros para mí". Continuó diciendo: "Pero cuando los levanté y les di nombre, se enaltecieron y formaron un reino para ellos mismos, pusieron leyes que yo no les di y se adueñaron de mi rebaño. Fueron presos de Babilonia, quien les dio un nombre para ser reconocidos entre las naciones. Sus lámparas no se han apagado por causa de mi amor, pero no queda mucho tiempo.

Mientras decía esto, recordé algo que escuché dentro del corazón del Padre, en ese lugar que era como el lugar Santísimo y donde estaban todas las llagas en contra del amor. Su corazón supuraba de un dolor intenso que salía de una llaga que sangraba sin cesar y que nada más mirarla acalambraba el cuerpo.

Ahí, escuché la voz del Espíritu Santo que me decía: Mi pueblo se ha acostumbrado tanto a decir: yo soy de la iglesia tal o del Apóstol fulano, o de la red tal, o de esta denominación o de la otra, que les parece algo normal, permisible y hasta bendito por mí, cuando es una abominación que me hiere profundamente". Luego el Padre dijo: " Ya no lo tolero más.

Yo lloré mucho, porque soy culpable de esas heridas, pero desde aquel entonces decidí dedicar mi vida a amar y a hacer lo que sea porque Dios vea Su Iglesia unida por el vínculo del Espíritu, y libre del sistema que nos separa y nos destruye.

El tema de Babilonia es un libro en sí mismo, ya que es toda la estructura del reino de las tinieblas. Por lo que me es imposible desglosarlo en un solo capítulo, pero continuemos con el desarrollo de este tema. (Recomiendo el Libro Babilonia al Descubierto por El Profeta David Silva Ríos)

3.- ¿QUIÉN ES BABILONIA?

La visión habla por sí sola. Babilonia es el sistema religioso que mata la vida espiritual de la Iglesia y nos hace ineptos para gobernar. Babilonia existe desde que existen sistemas religiosos, cualquiera que estos sean. Es el espíritu que se apoderó del sacerdocio judío en el tiempo de Jesús y produjo la caída del antiguo sistema. Babilonia no es la Iglesia Católica, como piensan algunos, es todo sistema que tiene forma de piedad, pero carece de la vida de Dios. "La forma" siempre resistirá la vida y terminará por destruirla. Es un sistema de hipocresía en que se dice una cosa y se vive otra. Jesús le habla imperativamente a SU PUEBLO a que salga de Babilonia.

> *Y oí otra voz del cielo, que decía: Salid de ella, pueblo mío, para que no seáis partícipes de sus pecados, ni recibáis parte de sus plagas...*
>
> *Apocalipsis 18:4*

No le está hablando a un pueblo pagano, le está hablando a Su Iglesia. Todos venimos de Babilonia, nadie se escapa. Los que venimos de la Iglesia Romana, venimos impregnados de religión. Cambiamos la idolatría por la riqueza de la Biblia, pero seguimos llamándole "Iglesia" y aún "templo" a la construcción de piedra y cemento donde nos reunimos.

Entramos a los principios de reforma que nos dejó Lutero, sin darnos cuenta de que él también provenía del sistema Babilónico Romano. Nos dio la esencia del mensaje de salvación que hoy tenemos, pero se trajo consigo el mismo sistema de hacer iglesia que nos encarcela dentro de las cuatro paredes de un edificio y que, poco a poco, acaba con la vida de la verdadera Iglesia.

Seguimos usando frases como: "Nos vemos en la iglesia el domingo", "Yo soy de la Iglesia del apóstol fulano o del pastor zutano". En otras palabras: "Yo soy de Pablo y el otro de Apolos". "Mi iglesia se llama tal o cual". "Estas son mis ovejas y estas las del otro". ¿Qué estamos haciendo? Jesús jamás nos dio la opción de que la Iglesia fuera nuestra. Babilonia nos hace seguir al hombre bajo la apariencia de estar siguiendo a Dios, viendo al liderazgo como a los ungidos que están más cerca de Dios que el pueblo. Seguimos separando los sacerdotes de los laicos. La gente depende más de la mano del hombre que de la de Dios, hacen del hombre o la mujer de Dios la fuente de sus respuestas.

Por otro lado, como líderes, no impulsamos a la gente a depender de Dios y a conocerlo porque, de alguna manera, nos gusta que dependan de nosotros. Sin querer, mientras nuestras palabras hablan de amar a Dios y de seguirlo a Él, nuestro sistema religioso nos lleva a que dependan de nosotros. Si somos embajadores del cielo, tenemos que hablar, vernos, y manifestar el cielo, y no tan solo reproducir sistemas de hombres.

Cuando Dios se reveló a mí, me mostró cuánta Babilonia había en mí. Me hizo ver cuánto me gustaba la reverencia de los hombres y ser la gran mujer de Dios para mi nación, aunque fuera inconscientemente.

Me hizo entender cómo hemos colaborado cada uno de nosotros en dividir el Cuerpo de Cristo y cómo esto no es otra cosa sino el Sistema Babilónico en que operamos. Cuando lo entendí, clamé a Su nombre para que me sacara de Babilonia y me ayudara a sacar a otros. **Mi mensaje no es sacar a la gente de las iglesias, sino sacar a las iglesias con toda su gente fuera de Babilonia.**

La gente viene a Jesús pero nunca destruye la estructura babilónica de la que provenía por generaciones. Es más fácil asistir a un culto el domingo, que tomar autoridad y ser los reyes y los sacerdotes que Él quiere que seamos. El sistema sólo tiene lugar para que se desarrollen unos cuantos, mas no así el Reino de Dios, donde todos pueden llegar a ser lo que Dios diseñó que fueran.

4.- LOS EFECTOS DE BABILONIA EN LA IGLESIA DE HOY.

a) Babilonia es confusión y siempre tuerce el mensaje de Dios. Su principal intención siempre será separar el cielo de la tierra, por lo que negará y obstruirá la realidad celestial dentro del creyente. Jesús vino a unir los cielos y la tierra, y a darnos la plenitud de su vida para que fuésemos verdaderamente Su cuerpo en la tierra. Las estructuras religiosas, donde ponemos revelación divina, tienen que ser destruidas, si queremos autoridad para reinar.

b) Babilonia se llama a sí misma "Reina, Señora de Reinos". Ella quiere tener el gobierno para que no lo tenga Jesús. Esto produce que la gente no pueda reconocer a Cristo en Su Reino, sino que lo reciban como salvador pero no como el soberano de sus vidas. Hace que ellos vean a Cristo lleno de gloria arriba en el cielo, pero que el Cristo que vive en sus corazones no sea capaz de curar un resfriado.

Babilonia tiene que tener el control de todo y no se lo soltará jamás al Espíritu Santo. La Iglesia engañada por Babilonia gime porque Dios haga descender Su gloria sobre ella. Ayunan y oran esperando que algún día Él envíe un fuego revolvente de Su gloria que traerá el deseado avivamiento.

Amados de mi Padre, ¿qué no nos damos cuenta que es Jesús en toda su gloria el que nos habita? ¿Qué gloria diferente y más poderosa podrá venir que la que ya nos otorgó Jesús?

> La **gloria** que me diste, yo les he dado, para que sean uno, así como nosotros somos uno.
>
> Juan 17:22

¿Se da cuenta cómo este espíritu viene a confundir y a robarnos la gloria que Jesús ya nos dio? En el Apocalipsis, Jesús se revela a Juan en Su gloria, porque es en medio de ésta que podemos identificar a Babilonia y salir de ella.

No estoy diciendo que hay que salirse de las congregaciones, estoy diciendo que congregaciones enteras tienen que salir de Babilonia y reestructurarse al modelo de Dios. Una Iglesia unida por el Espíritu Santo, bendiciendo y gobernando espiritualmente las ciudades, de eso estoy hablando.

Es en esa gloria que Jesús le da a Juan el mensaje para las siete iglesias, que es nuestro manual para entrar en la más poderosa autoridad para gobernar con Jesús. Este mensaje no está dirigido a la observancia de los mandamientos del Antiguo Pacto, sino que denuncia al espíritu religioso babilónico y la forma en que opera. Este se va trepando sigilosamente en la vida del creyente, robándole la vida y el fuego de su primer amor, hasta dejarlo sin autoridad ni poder.

11 LA VICTORIA SOBRE BABILONIA

CARTAS A LAS 7 IGLESIAS -
LAS LLAVES DE NUESTRO GOBIERNO.

Aunque este no es no uno de los temas principales que nos revelan la interpretación del Apocalipsis, lo incluyo aquí como la victoria sobre Babilonia. Cada carta es una llave que nos permitirá vencer el espíritu de religión.

En cada carta Jesús manifiesta la característica de sí mismo que nos ayuda a obtener el galardón que nos permitirá gobernar. Estas son puertas de infinita revelación para reinar aquí y ahora.

1. ÉFESO:

> *Escribe al ángel de la iglesia en Éfeso: El que tiene las siete estrellas en su diestra, el que anda en medio de los siete candeleros de oro, dice esto:*
>
> *Yo conozco tus obras, y tu arduo trabajo y paciencia; y que no puedes soportar a los malos, y has probado a los que se dicen ser apóstoles, y no lo son, y los has hallado mentirosos; y has sufrido,*

y has tenido paciencia, y has trabajado arduamente por amor de mi nombre, y no

has desmayado. Pero tengo contra ti, que has dejado tu primer amor. Recuerda, por tanto, de dónde has caído, y arrepiéntete, y haz las primeras obras; pues si no, vendré pronto a ti, y quitaré tu candelero de su lugar, si no te hubieres arrepentido. Pero tienes esto, que aborreces las obras de los nicolitas, las cuales yo también aborrezco. El que tiene oído, oiga lo que el Espíritu dice a las iglesias. Al que venciere, le daré a comer del árbol de la vida, el cual está en medio del paraíso de Dios.

Apocalipsis 2:1-7

Éfeso: Su nombre quiere decir **"Deseable"** y el tema de esta carta es: **El verdadero amor es el que nos corona.** Jesús se presenta como el que está en medio de los candeleros. Jesús es el que está en control de la Iglesia y no el hombre. El amor puro es lo que nos posiciona en el centro del paraíso, que es el lugar gobernante.

El amor es la fuente de vida que da de comer a las naciones y se opone al Nicolaísmo. Este es el sistema jerárquico religioso que levanta en un pedestal al liderazgo y le quita el poder y la autoridad a los laicos, quienes son también hijos de Dios. El Nicolaísmo levanta su propio reino y no deja edificar el de Dios. Lleva a los creyentes a depender del hombre que está a la cabeza y no en la Cabeza que es Jesús.

Si bien hay un orden de autoridad en la Iglesia, nuestra dependencia espiritual tiene que estar en Jesús. Cristo es el Árbol de la vida que representa la vida del Espíritu. Opuesto a este se encuentra, el árbol del bien y del mal que se basa en el razonamiento humano.

El primero, levanta un sistema de vida, mientras que el segundo, uno de muerte. El amor y compromiso matrimonial con Cristo nos conduce al dominio de todas las cosas.

2. ESMIRNA

> *Y escribe al ángel de la iglesia en Esmirna: El primero y el postrero, el que estuvo muerto y vivió, dice esto: Yo conozco tus obras, y tu tribulación, y tu pobreza (pero tú eres rico), y la blasfemia de los que se dicen ser judíos, y no lo son, sino sinagoga de Satanás. No temas en nada lo que vas a padecer. He aquí, el diablo echará a algunos de vosotros en la cárcel, para que seáis probados, y tendréis tribulación por diez días. Sé fiel hasta la muerte, y yo te daré la corona de la vida. El que tiene oído, oiga lo que el Espíritu dice a las iglesias. El que venciere, no sufrirá daño de la segunda muerte.*
>
> *Apocalipsis 2:9-11*

Esmirna. Su nombre quiere decir **"Mártir" o "fragancia"** y el tema de esta carta es **"Las llaves contra la muerte"**. Jesús se presenta como El primero y el postrero, El que vive pero estuvo muerto. Jesús es el que venció la muerte, el principio y la finalidad de todas las cosas. Esta es la llave para vencer la muerte y heredar la corona de la vida. Para esto tenemos que ser fieles hasta la muerte. Morir a este mundo para vivir en Jesús.

Cuando podemos ver la muerte como una victoria, y cuando estamos revestidos de nuestra habitación celestial, la muerte no nos puede intimidar.

Es en esta victoria que conquistamos la autoridad para resucitar a los muertos y transformar territorios de muerte para que vivan. Tener a la muerte bajo nuestros pies nos hace vencer al diablo en todas sus formas.

> *Y ellos le han vencido por medio de la sangre del Cordero y de la palabra del testimonio de ellos, y menospreciaron sus vidas hasta la muerte.*
>
> *Apocalipsis 12:11*

> *Con Cristo estoy juntamente crucificado, y ya no vivo yo, mas vive Cristo en mí; y lo que ahora vivo en la carne, lo vivo en la fe del Hijo de Dios, el cual me amó y se entregó a sí mismo por mí.*
>
> *Gálatas 2:20*

Esta llave nos da la habilidad de entender las tribulaciones como instrumentos que nos posicionan en rangos de autoridad cada vez mayores. El vencer la muerte en todas sus formas, miedos, enfermedades, amarguras y pecados nos hace vivir en los terrenos de lo eterno. En esta llave se cambia nuestra perspectiva de ver las cosas en su temporalidad para verlas en su eterna función y propósito.

3. PÉRGAMO

> *Y escribe al ángel de la iglesia en Pérgamo: El que tiene la espada aguda de dos filos dice esto: Yo conozco tus obras, y dónde moras, donde está el trono de Satanás; pero retienes mi nombre, y no has negado mi fe, ni aun en los días en que Antipas mi testigo fiel fue muerto entre vosotros, donde mora Satanás. Pero tengo unas pocas cosas contra ti:*

que tienes ahí a los que retienen la doctrina de Balaam, que enseñaba a Balac a poner tropiezo ante los hijos de Israel, a comer de cosas sacrificadas a los ídolos, y a cometer fornicación. Y también tienes a los que retienen la doctrina de los nicolaítas, la que yo aborrezco. Por tanto, arrepiéntete; pues si no, vendré a ti pronto, y pelearé contra ellos con la espada de mi boca. El que tiene oído, oiga lo que el Espíritu dice a las iglesias. Al que venciere, daré a comer del maná escondido, y le daré una piedrecita blanca, y en la piedrecita escrito un nombre nuevo, el cual ninguno conoce sino aquel que lo recibe.

Apocalipsis 2:12-17

Pérgamo. Su nombre quiere decir "lugar alto" y su tema es "El poder de la Palabra". Jesús se presenta como El que tiene la espada de dos filos. Jesús es el que libera el Juicio con la autoridad de su palabra. Los que gobiernan con Él deben tener autoridad para juzgar y ver todas las cosas desde el corazón justo de Dios. Por lo tanto, tenemos que pasar por encima de los niveles tenebrosos de nuestra propia opinión para juzgar con justo juicio. Esta es la clave para conquistar sobre toda circunstancia aunque sea el trono mismo de satanás en la tierra. Es, además, la llave para vencer el poder de la codicia, el dinero y el quedar bien con los hombres antes que con Dios.

Balaam, el profeta mencionado en esta carta, vendió su mensaje y su llamado por dinero, como hoy también los hay. Comer lo sacrificado a los ídolos y cometer fornicación, nos habla de la indolencia y la tibieza con que se habla la Palabra. Es la actitud contraria a la palabra tajante de dos filos que confronta y discierne el alma y el espíritu convirtiendo el corazón.

La recompensa es el maná escondido, la revelación verdadera necesaria para gobernar. Es la provisión del cielo que viene sobre los dadores, los que se despojan de sus bienes por amor a la obra de Dios y a sus semejantes, venciendo a mamón el dios de las riquezas. Aquí Dios nos da escrito un nombre nuevo, en ese nombre está nuestra autoridad y nuestra identidad en Él. Es a través de este nuevo nombre que podemos sujetar naciones, desatar lomos de reyes, enderezar caminos torcidos, abrir cerrojos de hierro y recibir de Dios sus tesoros.

> *Así dice Jehová a su ungido, a Ciro, al cual tomé yo por su mano derecha, **para sujetar naciones** delante de él y **desatar lomos de reyes;** para abrir delante de él puertas, y las puertas no se cerrarán: Yo iré delante de ti, y enderezaré los lugares torcidos; quebrantaré puertas de bronce, y cerrojos de hierro haré pedazos; **y te daré los tesoros escondidos,** y los secretos muy guardados, para que sepas que yo soy Jehová, el Dios de Israel, **que te pongo nombre.***
>
> Isaías 45:1-3

4. TIATIRA

Y escribe al ángel de la iglesia en Tiatira: El Hijo de Dios, el que tiene ojos como llama de fuego, y pies semejantes al bronce bruñido, dice esto: Yo conozco tus obras, y amor, y fe, y servicio, y tu paciencia, y que tus obras postreras son más que las primeras. Pero tengo unas pocas cosas contra ti: que toleras que esa mujer Jezabel, que se dice profetisa, enseñe y seduzca a mis siervos a fornicar y a comer cosas sacrificadas a los ídolos. Y le he dado tiempo para que se arrepienta, pero no quiere arrepentirse de su fornicación. He aquí, yo la arrojo en cama, y en gran tribulación a los que con ella adulteran, si no se arrepienten de las obras de ella.

Y a sus hijos heriré de muerte, y todas las iglesias sabrán que yo soy el que escudriña la mente y el corazón; y os daré a cada uno según vuestras obras. Pero a vosotros y a los demás que están en Tiatira, a cuantos no tienen esa doctrina, y

> no han conocido lo que ellos llaman las profundidades de Satanás, yo os digo: No os impondré otra carga; pero lo que tenéis, retenedlo hasta que yo venga. Al que venciere y guardare mis obras hasta el fin, yo le daré autoridad sobre las naciones, y las regirá con vara de hierro, y serán quebradas como vaso de alfarero; como yo también la he recibido de mi Padre; y le daré la estrella de la mañana. El que tiene oído, oiga lo que el Espíritu dice a las iglesias.
>
> Apocalipsis 2:18-29

Tiatira. Su nombre es incierto, no se conoce el verdadero significado. Su tema es: **"La llave que escudriña lo que es de Dios o del hombre".** Jesús se presenta como El que tiene ojos de fuego y pies semejantes al bronce bruñido.

Esta llave es la que determina la autoridad para gobernar naciones. Gobernar es juzgar y hacer justicia, pero ésta tiene que ser conforme a los ojos de Dios. Él ve cada una de nuestras acciones desde diferentes ángulos. Nosotros vemos los hechos en blanco y negro, esto es el juicio hecho desde el árbol del bien y del mal. En cambio, los ojos de Dios analizan todas las circunstancias, que envuelven el caso, las atenuantes y las agravantes.

> *Y le hará entender diligente en el temor de Jehová. No juzgará según la vista de sus ojos, ni argüirá por lo que oigan sus oídos; sino que juzgará con justicia a los pobres, y argüirá con equidad por los mansos de la tierra; y herirá la tierra con la vara de su boca, y con el espíritu de sus labios matará al impío.*
>
> *Isaías 11:3-4*

En este punto es importante mencionar un espíritu que controla muy frecuentemente al hombre y que debemos identificar claramente: Jezabel. Este es el espíritu usurpador de autoridad, que busca su propio reino por encima del de Dios. Este espíritu juzga a través de los ojos limitados e inquisidores de la religión y gobierna sobre la gente con principios de temor, intimidación, control y manipulación. No permite la dependencia en Dios, sino que obliga a depender del hombre, haciendo espiritualmente inútiles a los hijos de Dios. Sus mensajes son atractivos para el alma, pero carecen de compromiso con Dios.

Jezabel conduce a la fornicación en sentido espiritual, lo cual es agradarse con el calor de una relación, sin el compromiso de un matrimonio. Esto es, procurar momentos de intimidad con el Espíritu Santo, sin una verdadera determinación y pacto para seguir a Jesús donde quiera que él vaya. Esto lo vemos claramente explicado en el capítulo 14 de Apocalipsis, donde se describe a los 144.000 escogidos y cómo ellos no se contaminan espiritualmente y lo logran por su compromiso total con Jesús.

> *Estos son los que no se contaminaron con mujeres (Jezabel), pues son vírgenes (consagrados). Estos son los que siguen al Cordero por dondequiera que va. Estos fueron redimidos de entre los hombres como primicias para Dios y para el Cordero...*
>
> Apocalipsis 14:4
(énfasis en paréntesis, añadido por la autora)

Jezabel procura que la gente tenga momentos esplendorosos en la congregación a través de mensajes livianos y excitantes, pero carentes de confrontación y de compromiso con Dios. Jezabel no sólo es un espíritu, sino también una doctrina donde los ojos del ser humano se desvían enfocándose en el hombre antes que en Dios. La palabra "Conocer", en la Biblia, es usada para determinar la intimidad entre un hombre y una mujer. Conocer la profundidad de satanás tiene que ver con entrar en intimidad con él, haciendo pactos con sus artimañas y seducciones. Se puede tener entendimiento de las estrategias y formas de obrar del diablo, sin mezclarse con él.

El temor al hombre y su dominio sobre otros, es la esencia de un sistema religioso, el cual se disfraza sagazmente de piedad y es difícil de identificar. Por eso, Jesús se manifiesta con ojos de fuego, para que podamos ver a través de Él las obras fraudulentas de las tinieblas, vestidas de su falsa luz.

> *Que tendrán apariencia de piedad, pero negarán la eficacia de ella; a éstos evita.*
>
> 2 Timoteo 3:5

La religiosidad es la montaña más fuerte que nos impide gobernar con Cristo. Al que la vence, Jesús le da autoridad sobre las naciones porque Él quebró con vara de hierro el sistema religioso de su tiempo, y al que vence la religión le da ésta misma vara de juicio. A esto se une que Él mismo se manifieste en nuestra vida como la estrella resplandeciente de la mañana.

> *Tenemos también la palabra profética más segura, a la cual hacéis bien en estar atentos como a una antorcha que alumbra en lugar oscuro, hasta que el día esclarezca y el **lucero de la mañana salga en vuestros corazones**...*
>
> 2 Pedro 1:19

Este es el resplandor de Cristo encarnado en cada creyente, que se hace visible cuando el vaso que lo contiene se ha conformado a Su palabra. El vaso y la palabra están y caminan en acuerdo. Si las siete Iglesias forman el candelero de la luz de Dios, entonces, Tiatira se encuentra en el centro, como un mensaje vital de gobierno.

5. SARDIS

> *Escribe al ángel de la iglesia en Sardis: El que tiene los siete espíritus de Dios, y las siete estrellas, dice esto: Yo conozco tus obras, que tienes nombre de que vives, y estás muerto. Sé vigilante, y afirma las otras cosas que están para morir; porque no he hallado tus obras perfectas delante de Dios. Acuérdate, pues, de lo que has recibido y oído; y guárdalo, y arrepiéntete. Pues si no velas, vendré sobre ti como ladrón, y no sabrás a qué hora vendré sobre ti. Pero tienes unas pocas personas en Sardis que no han manchado sus vestiduras; y andarán conmigo en vestiduras blancas, porque son dignas. El que venciere será vestido de vestiduras*

blancas; y no borraré su nombre del libro de la vida, y confesaré su nombre delante de mi Padre, y delante de sus ángeles. El que tiene oído, oiga lo que el Espíritu dice a las iglesias.

Apocalipsis 3:1-6

Sardis. Su nombre significa **"príncipe de gozo"**. Esta carta presenta dos temas: **"La llave para conocer la múltiple manifestación del Espíritu"** y **"Los ángeles que nos son concedidos"**. Jesús se presenta como El que tiene los siete Espíritus de Dios y las siete estrellas. Aquél, cuya vida no está inmersa en Él, irremediablemente irá muriendo, teniendo nombre de que vive pero estando muerto. Esta es la llave de la santidad que sólo se obtiene a través de conocer a Dios e irse fundiendo cada día más con Él. Son los siete espíritus los que Lo revelan y le dan vida a la Iglesia. Nuestro desarrollo en Él dependerá en que lo conozcamos en cada una de sus 7 características.

Y reposará sobre él el Espíritu de Jehová; espíritu de sabiduría y de inteligencia, espíritu de consejo y de poder, espíritu de conocimiento y de temor de Jehová.

Isaías 11:2

En este pasaje de Isaías, vemos cómo la manifestación de los siete Espíritus produce en Jesús un gobierno de juicios justos. Cada una de estas características de estos siete Espíritus tiene varias funciones veamos, por ejemplo, El Espíritu de Jehová:

> *El Espíritu de Jehová el Señor está sobre mí, porque me ungió Jehová; me ha **enviado a predicar** buenas nuevas a los abatidos, **a vendar a los quebrantados de corazón,** a publicar **libertad a los cautivos,** y a los presos apertura de la cárcel; a proclamar el año de **la buena voluntad de Jehová,** y el día de venganza del Dios nuestro; **a consolar a todos los enlutados;** a ordenar que a los afligidos de Sion se les **dé gloria en lugar de ceniza,** óleo **de gozo en lugar de luto,** manto de alegría en lugar del espíritu angustiado; y serán llamados árboles de justicia, plantío de Jehová, para gloria suya. **Reedificarán las ruinas antiguas,** y levantarán los asolamientos primeros, y **restaurarán las ciudades arruinadas,** los escombros de muchas generaciones.*
>
> Isaías 61:1-4

Gobernar con Cristo es aplicar todas las cosas que conducen a la restauración y a la reedificación de lo que se ha perdido. Jesús gobierna con sus ángeles, los cuales nos ha concedido para que sean colaboradores junto con nosotros. A lo largo del libro del Apocalipsis vemos a los ángeles interactuando con los creyentes y con Juan al punto que el Apóstol les llama consiervos.

Es en el contacto con el Espíritu Santo y en el temor de Dios, que nos mantenemos en santidad, con vestiduras blancas y permanecemos en la vida de Dios. En esta llave Dios nos concede, aparte de nuestras vestiduras blancas y nuestros nombres inscritos en el Libro de la Vida, que nuestros nombres sean confesados delante del Padre y de sus ángeles. En estoy hay autoridad, ya que cuando nuestro nombre resuena dentro del Padre, los ángeles se precipitan a ayudarnos. Los ángeles conocen a los sellados por el Padre.

Pues a sus ángeles mandará acerca de ti, Que te guarden en todos tus caminos. En las manos te llevarán, Para que tu pie no tropiece en piedra. Sobre el león y el áspid pisarás; Hollarás al cachorro del león y al dragón. Por cuanto en mí ha puesto su amor, yo también lo libraré; Le pondré en alto, por cuanto ha conocido mi nombre.

Salmo 91:11-14

6. FILADELFIA

Escribe al ángel de la iglesia en Filadelfia: Esto dice el Santo, el Verdadero, el que tiene la llave de David, el que abre y ninguno cierra, y cierra y ninguno abre:

Yo conozco tus obras; he aquí, he puesto delante de ti una puerta abierta, la cual nadie puede cerrar; porque aunque tienes poca fuerza, has guardado mi palabra, y no has negado mi nombre.

He aquí, yo entrego de la sinagoga de Satanás a los que se dicen ser judíos y no lo son, sino que mienten; he aquí, yo haré que vengan y se postren a tus pies, y reconozcan que yo te he amado.

Por cuanto has guardado la palabra de mi paciencia, yo también te guardaré de la hora de la prueba que ha de venir sobre el mundo entero, para probar a los que moran sobre la tierra.

He aquí, yo vengo pronto; retén lo que tienes, para que ninguno tome tu corona.

> *Al que venciere, yo lo haré columna en el templo de mi Dios, y nunca más saldrá de allí; y escribiré sobre él el nombre de mi Dios, y el nombre de la ciudad de mi Dios, la nueva Jerusalén, la cual desciende del cielo, de mi Dios, y mi nombre nuevo.*
>
> *El que tiene oído, oiga lo que el Espíritu dice a las iglesias.*
>
> Apocalipsis 3:7-13

Filadelfia. Su nombre significa **"amor fraternal"**. Su tema es "La **llave de David, la que abre y cierra puertas"**. Jesús se presenta como el Santo, el Verdadero el que tiene la llave de David, el que abre y ninguno cierra y el que cierra y ninguno abre.

> *Y también todos los que se deleitan en la piedad y están determinados a vivir piadosamente en Cristo Jesús padecerán persecución, por causa de los estándares religiosos.*
>
> 2 Timoteo 3:12
(Traducción de la Biblia amplificada)[18]

> *Si sufrimos, también reinaremos con él...*
>
> 2 Timoteo 2:12

El reino nos es dado a través de vencer en las tribulaciones y la persecución. El diablo nos quiere cerrar todas las puertas, pero el que tiene las llaves para abrir y cerrar es Jesús, y no satanás. Una vez más, las llaves del reino nos son entregadas a través del Padre, quien revela al Hijo en nuestras vidas. Esto impide que las puertas del Hades prevalezcan en contra de los Hijos del Reino. Jesús se revela aquí como el Santo y el Verdadero.

El vivir conformados a Su santidad y a Su verdad es lo que siempre mantendrá las puertas abiertas para hacer la obra de Dios y establecer Su reino.

La verdad; la perseguirán hasta la muerte como lo hicieron con Jesús, pero al final, la verdad es inamovible, todo lo falso e ilusorio inevitablemente termina quebrantado a los pies de la verdad. Mantenernos en ella, hace que todos los sistemas engañosos alrededor nuestro caigan, porque la mentira y la falsedad no soportan la verdad. Esta será perseguirá hasta la muerte, como pasó con Jesús pero, al final, la Verdad resucitará y triunfará.

Un día, tuve una visión en la que vi a Moisés parado frente al mar Rojo. Su vara representaba la palabra de verdad que Jehová le había entregado: "Él libertaría a su pueblo". Moisés se paró y se sostuvo en la inmutabilidad de esta promesa, hasta que todo empezó a sacudirse; los vientos arreciaron, las aguas no pudieron quedarse en su lugar y se abrieron. Entonces oí al Señor decir:

´Los cielos y la tierra pasarán, pero la palabra de Dios permanece para siempre´.

Pararnos en la verdad al precio que sea, siempre abrirá puertas, mares, formará caminos en lugares escabrosos, partirá montañas, cerrará bocas de leones y las puertas del infierno. Esta es una de las grandes llaves del gobierno del Altísimo. La verdad y la santidad son el castillo fortificado de Dios. Los muros de su Templo y las columnas que lo sostienen. Las columnas son símbolo de cimiento, de lo que está establecido para sostener el edificio. Implican fuerza, rectitud y aplomo. En lo natural, es lo que mantiene estable la casa y el lugar más seguro en medio de un terremoto.

> *Y colocó las columnas delante del templo, una a la mano derecha, y otra a la izquierda; y a la de la mano derecha llamó Jaquín (ser establecido), y a la de la izquierda, Boaz (fuerza).*
>
> 2 Crónicas 3:17
> *(paréntesis por la autora)*

Vivir y expresar Su Santidad y Verdad no es copiarla, sino dejar que Él la produzca en nosotros. Cuando Él se encuentra con vasos donde Él puede manifestarse libremente, pone en ellos Su más grande galardón: el llevar el Nombre de Dios escrito en sus frentes y serán genuinamente la Ciudad celestial caminando en la tierra.

7. LAODICEA

> *Y escribe al ángel de la iglesia en Laodicea: He aquí el Amén, el testigo fiel y verdadero, el principio de la creación de Dios, dice esto: Yo conozco tus obras, que ni eres frío ni caliente. ¡Ojalá fueses frío o caliente!*
>
> *Pero por cuanto eres tibio, y no frío ni caliente, te vomitaré de mi boca. Porque tú dices: Yo soy rico, y me he enriquecido, y de ninguna cosa tengo necesidad; y no sabes que tú eres un desventurado, miserable, pobre, ciego y desnudo. Por tanto, yo te aconsejo que de mí compres oro refinado en fuego, para que seas rico, y vestiduras blancas para vestirte, y que no se descubra la vergüenza de tu desnudez; y unge tus ojos con colirio, para que veas. Yo reprendo y castigo a todos los que amo; sé, pues, celoso, y arrepiéntete. He aquí, yo estoy a la puerta y llamo; si alguno oye mi voz y abre la puerta, entraré a él, y cenaré con él, y él conmigo.*

Al que venciere, le daré que se siente conmigo en mi trono, así como yo he vencido, y me he sentado con mi Padre en su trono. El que tiene oído, oiga lo que el Espíritu dice a las iglesias.

Apocalipsis 3:14-22

Laodicea. Su nombre significa **"pueblo justo"**. Su tema es **"Sentarse en el Trono de Dios con Jesús"**. Aquí, Jesús se presenta como el Amén, el testigo fiel y verdadero, el principio de la creación.

Aquí el reto es vencer la religión en uno de sus más importantes disfraces, que son las apariencias externas. El decir una cosa y vivir una realidad diferente, cegados y creyendo que lo tenemos todo porque hay un éxito en la superficie. Jesús se manifiesta como el Amén y nos entrena a no tener dos caras, sino vivir en la certeza de todo lo que Él es. La llave de gobierno aquí es ser testigos vivenciales del cielo. Ver y oír lo que dice y hace el Reino de Dios es clave para reinar en las esferas espirituales.

Jesús se manifiesta como el principio de toda la creación, porque es precisamente desde el ámbito del Espíritu desde donde todas las cosas fueron creadas. Penetrar Su reino invisible, oír y ver a Jesús y al Padre es lo que nos hace verdaderos testigos. Como vimos anteriormente, el Espíritu de la Profecía es el testimonio de Jesús. Es a través de entender y estar habituados a entrar en el Espíritu que recibiremos el colirio para ver como Dios ve. Nuestra comunión con Dios y nuestro anhelo de ir siendo revestidos de Jesús irá formando en nosotros nuestro verdadero vestido que es nuestra habitación celestial.

Vernos como Él nos ve, es el espejo que nos confronta a morir a todo lo terrenal y, de esta manera, su fuego nos purifica como oro.

La Santa Cena es la herencia más grande que Él nos dejó, por ella nos vamos transformando a Su imagen para sentarnos con Él en su Trono y reinar con Él aquí y ahora.[19]

Esta carta no es un llamado a la salvación, sino a reinar, a dejar que tome el trono y el gobierno de nuestra vida para hacernos reyes y sacerdotes para Dios el Padre.

Notas

[18] Y también todos los que quieren vivir píamente en Cristo Jesús, padecerán persecución. 2 Timoteo 3:12

[19] El libro "Comed de mi Carne y Bebed de mi Sangre" habla en profundidad de la riquezas contenidas en la Comunión.

12 EL REINADO DEL MESÍAS

1.- UN REINO ESPIRITUAL.

Este es nuestro séptimo tema de interpretación. En el capítulo 7 hablamos del poder y del propósito de la primera venida de nuestro Mesías. Ahora vamos a ir más adelante para entender cómo se manifiesta en la tierra ese reino maravilloso que Él nos trajo.

En el tiempo de Jesús, los Fariseos y los Saduceos esperaban que el Mesías se sentara en el trono político de Jerusalén. Al no hacerlo, estableciendo así que su Reino no era de este mundo, muchos judíos que lo seguían quedaron decepcionados, entre ellos Judas Iscariote y los demás Zelotes, así como la mayoría de los miembros del Sanedrín. Esto causó que descartaran a Jesús como posible Mesías y que siguieran esperando por aquel que sí lo haría. Esta idea sigue prevaleciendo y orientando el pensamiento de muchos a creer que el reino no ha venido aún. Ellos querían un reino terrenal, y por lo tanto rechazaron la idea de un reino invisible.

Jesús les dijo claramente como sería su reino en la tierra:

> *Respondió Jesús: Mi reino no es de **este mundo;** si mi reino fuera **de este mundo,** mis servidores pelearían para que yo no fuera entregado a los judíos; pero mi reino no es de aquí.*
>
> Juan 18:36

> *Y cuando los fariseos le preguntaron cuando vendría el reino de Dios, Él les respondió diciendo, El reino de Dios no viene con señales visibles o con una manifestación visible, Ni dirán, ¡Helo aquí! o: ¡Allí!* ***Porque he aquí está en medio de vosotros.***
>
> Lucas 17:20-21 Biblia Amplificada

El reino de Dios, aunque es invisible, tiene que impactar de tal manera la tierra a través de los hijos de Dios y de la diestra poderosa del Altísimo, que los resultados y el efecto sean visibles. La justicia de Dios será establecida, la maldad será juzgada, y el conocimiento y la manifestación de Su gloria llenarán la tierra como las aguas llenan la mar.

Analicemos entonces este concepto con más detenimiento:

Jesús vino a traer el reino de Su Padre y no fracasó en Su misión. El está sentado a la diestra del Padre, coronado como Rey de reyes y Señor de señores, y gobernando junto con Su Iglesia, la cual es Su esposa. Ella es carne de Su carne, hueso de Sus huesos y legítimamente Su cuerpo. La Iglesia tiene la autoridad de Su cabeza, que es Cristo, y tiene la victoria sobre todo lo que Jesús pagó por ella en la Cruz del Calvario.

Ella es la ciudad Celestial en medio de la cual Jesús está proveyéndola de todo lo que necesite. De principio a fin en el Antiguo Testamento, Jesús, quien es el espíritu de la profecía, anuncia Su venida en carne y el establecimiento de Su reino, y no separa el uno del otro.

La venida del Mesías, es el eje del mensaje de Dios y nuestra herencia. Para entender a profundidad la obra del Mesías tenemos que darnos cuenta que el Señor opera en dos dimensiones simultáneamente, en Jesús, los cielos, y la tierra están unidos, y si Él reina en el cielo lo hace también en la tierra.

> *Si, pues, habéis resucitado con Cristo, buscad las cosas de arriba, donde está Cristo sentado a la diestra de Dios. Poned la mira en las cosas de arriba, no en las de la tierra.*
>
> *Colosenses 3:1-2*

2.- PATMOS - CUARTA VISIÓN.

Me encontraba una vez más en el monte del cual fluía leche y miel, y del cual salía un mosto con una fragancia exquisita. Estaba deleitándome frente a la fuente de aguas claras que estaban llenas de luces y que descendían formando un gran río que llenaba el valle.

Luego, vi muchos otros montes que se formaban del gran monte y de todos, corrían aguas de vida, miel y mosto que llenaron el cielo hasta donde mis ojos alcanzaron a ver.[20] Todos ellos, junto con el gran monte, eran Jesús y provenían de Jesús, como lo vi la primera vez.

Sin embargo, en esta ocasión se abrió bajo mis pies una nueva dimensión. Detrás del gran monte apareció una luz intensa, más fuerte que el sol, y en medio de la luz estaba uno con semejanza al hijo de Dios, sentado en Su trono. Este era de fuego, pero diferente al de la tierra; ardía, pero no quemaba; era transparente y diáfano como miles de brillantes encendidos. En medio de él corría un río de fuego que descendía hasta la tierra, entonces, el gran monte descendió y lleno toda la tierra.

En ese momento, hubo un gran gozo en el cielo y todo se llenó de una sinfonía majestuosa, y todas las miríadas de ángeles cantaban:¡Aleluya, Aleluya, nuestro Dios todopoderoso reina!

Entonces, vi cómo las faldas del monte formaban como una gran cubierta de oro que cubrió a todas las naciones, y oí la voz del Espíritu Santo que decía: "He aquí el Tabernáculo de Dios con los hombres". Vi cómo el río de fuego que salía del trono de Jesús se derramaba sobre las cabezas de muchas personas y éstas se convertían en los montes. Luego, oí cómo del fuego salía una voz y cuando ellos la oían, los montes se hacían más altos y más fuertes. Este río de fuego nunca se apagaba porque había sido establecido eternamente.

3.- EL MONTE DE SIÓN - EL ASIENTO DE SU GOBIERNO.

En el lugar donde me encontraba, entendía todo con gran claridad, y supe que lo que estaba viendo era el día en que se derramó el Espíritu Santo sobre toda carne. Ese día se estableció el Monte Santo de Dios. El gobierno del diablo había sido vencido y el que tiene las llaves de la muerte y del infierno es Jesucristo. Entonces, vino a mi memoria aquél pasaje en que Daniel ve la Roca salir del cielo y destruir la imagen que simbolizaba el imperio Babilónico.

> *Entonces fueron desmenuzados también el hierro, el barro cocido, el bronce, la plata y el oro, y fueron como tamo de las eras del verano, y se los llevó el viento sin que de ellos quedara rastro alguno. Mas la piedra que hirió a la imagen fue* **hecha un gran monte que llenó toda la tierra.**
>
> *Daniel 2:35*

El monte de Sión está sobre toda la tierra y es el gobierno de Dios que se estableció de una vez y para siempre.

> *sino que os habéis acercado al* **monte de Sion,** *a la ciudad del Dios vivo, Jerusalén la celestial, a la compañía de muchos millares de ángeles...*
>
> *Hebreos 12:22*

Su reino es invisible y está en medio de nosotros. El problema es que la Iglesia no ha sabido entrar en él y vivirlo, porque ha sido muy poco desarrollada en el ámbito del Espíritu. Además, al plantearse su Reino como una manifestación futura, le quita a la Iglesia la posibilidad de entrar en él ahora.

Es una realidad indiscutible para todos que Jesús está en medio de nosotros como Rey de reyes y Señor de señores, y si entendemos lo que esto significa en toda su plenitud, veremos a la Iglesia entrar a su más alta manifestación de gloria. En la Biblia, hay una clara manifestación de Su venida en sentido espiritual, haciendo de nosotros Su Tabernáculo en la Tierra.

Lo que tenemos que entender, es que cuando Jesús habló que Él vendría a nosotros otra vez, nunca se refirió a Su segunda venida en cuerpo físico y viniendo a reinar en la Jerusalén terrenal.

Es importante estudiar lo que Él mismo dijo y cómo lo dijo.

Como ya hemos visto, Él sí dijo que No sería de esta manera.

El suponer una segunda venida física, como nos ha sido enseñado crea un problema que se estrella contra todo el diseño de Dios.

Hágase usted mismo estas preguntas: Si Cristo viniera en carne para reinar en la Tierra, ¿que le sucedería a su cuerpo spiritual que es la Iglesia?

¿Dejaríamos de ser Su cuerpo? ¿Tendría Jesús dos cuerpos? ¿Dejaríamos de tener intimidad con Él, para tener que tomar un avión e irlo a ver?

Desglosemos esto con detenimiento.

La mayoría de las veces que el habló de regresar a nosotros, se refirió a Su presencia espiritual en medio de Su Iglesia. Por lo tanto debemos comprender que, mientras Él estaba en la tierra, no podía vivir en los corazones de los creyentes. Él jamás hizo un llamado a que sus discípulos lo recibieran en el corazón, porque eso no sucedió sino hasta que vino el Pentecostés. En la sección III de este libro expongo las palabras en griego que determinan las diferentes formas en que el viene a nosotros y cómo Él mismo describe su segunda venida.

Por eso, Jesús dijo a sus discípulos que era conveniente que Él se fuera y, luego, les habló de cómo Él vendría con Su Padre a hacer morada en nosotros (Juan 14).

Respondió Jesús y le dijo: El que me ama, mi palabra guardará; y mi Padre le amará, y vendremos a él, y haremos morada con él.

Juan 14:23

La mayoría de las Escrituras en las que se menciona Su venida en las cuatro manifestaciones de la palabra: Parousia, Epifanía, Apocalipsis y Erchomai, tienen que ver con una revelación que lo hace presente en medio de su Iglesia, la cual es Su Templo.

En el Instrumento 1 de este libro hago un claro análisis del significado de estas palabras.

Por ejemplo: Hechos 1:10-11.

Y estando ellos con los ojos puestos en el cielo, entre tanto que él se iba, he aquí se pusieron junto a ellos dos varones con vestiduras blancas, los cuales también les dijeron: Varones galileos, ¿por qué estáis mirando al cielo? Este mismo Jesús, que ha sido tomado de vosotros al cielo, así vendrá (erchomai[21]) como le habéis visto ir al cielo.

Después de Su ascensión se apareció muchas veces a Pablo a Juan y con certeza a sus otros Apóstoles. Ellos lo volvieron a ver en cuerpo resucitado, cuando vino a ellos.

Pero levántate, y ponte sobre tus pies; porque para esto he aparecido a ti, para ponerte por ministro y testigo de las cosas que has visto, y de aquellas en que me apareceré a ti,

Hechos 26:16

La otra forma en que Él habló de su venida fue con una manifestación de Juicio en que la gloria de Dios se manifiesta y destruye la maldad (ver instrumento 1 en la sección IV).

Muchas de estas escrituras se refieren al fin del sistema del Antiguo Pacto, y se cumplieron en la destrucción de Jerusalén, cómo lo afirman muchos teólogos e historiadores.

Es Imposible entender las profecías que Jesús habló acerca del fin, sin leer la historia judía del siglo primero.

Flavio Josefo, historiador y Fariseo de aquél tiempo escribió en sus libros: "Las guerras de los Judíos" todos los acontecimientos que nos hacen ver con claridad el cumplimiento de todo lo que Jesús le habló a Su pueblo y a Su Generación. En el Instrumento 2 hago una pequeña sinopsis de los escritos de Josefo.

Leer Mateo, Marcos, Lucas y Juan como si fuese el Nuevo Pacto y no, como el cumplimiento de toda La Escritura, en el Mesías de Israel, es el error que nos ha llevado a mal interpretar todo lo que Jesús dijo acerca del fin.

Voy a seguir desglosando el retorno de Jesús en los siguientes capítulos ya que esto requiere de un profundo entendimiento. Y vamos a ir analizándolo estos fundamentos parte por parte.

4.- EL PRÓPOSITO DEL REINO DEL MESÍAS.

El propósito del Reino es la parte central del corazón de Dios, y esto es que la tierra sea llena del CONOCIMIENTO de la gloria de Dios, cómo las aguas cubren la mar.

Esto lo hará a través de un pueblo que lo conozca y que lo manifieste en todos los ámbitos de la sociedad. Gente que entiende que son reyes y sacerdotes, y que tienen una misión cómo tales en las naciones.

Tenemos que establecer el monte de Dios sobre todos los montes de influencia de la tierra:

La política, la economía, la salud, las artes, los medios de comunicación, la cinematografía, los recursos de energía, la ciencia espacial, la moda, etc.

La cultura del reino de Dios tiene que conquistar toda cultura en la tierra. Los hijos de Dios no somos parte de las culturas de la tierra, ni nuestra ciudadanía es de este mundo. Ya no somos de aquí, sino que somos del cielo.

Entender estas cosas, cambia nuestra forma de pensar. Y en vez de estar esperando, cuando nos escapamos de aquí para que todo el mundo se destruya, empezamos a pensar y a orar en la forma de cómo ganar nuestras naciones para que nadie se pierda.

Dios quiere hacernos vencedores, quiere hacernos brillar avergonzando lo fuerte y lo sabio de este mundo. Quiere demostrar al diablo que sus hijos son capaces en su humanidad redimida por Jesús de deshacer todas sus estructuras y sus planes de destrucción.

Notas

[20] Palabras que confirma esta visión Joel 3:18 y Zacarías 13:1.

[21] Erchomai, conjugado en Aoristo: tiempo puntal, indeterminado, atemporal.

13. LA MORADA DE DIOS EN LAS NUBES

1.-LAS NUBES EN EL REINO DE DIOS.

La mayoría de las corrientes teológicas, posteriores al siglo XIX aunque no todas, siempre han creído que Jesús, literalmente, volverá en medio de nubes. ¿Pero qué pasaría si la escritura misma nos demostrara que las nubes a las que se refiere Jesús no son esas algodonadas masas de vapor que flotan en el cielo?.

Nuestro entendimiento se abre cuando vemos la relación íntima que existe entre la morada de Dios y las nubes.

> *¿Has conocido tú las diferencias de las nubes, Las maravillas del Perfecto en sabiduría?*
>
> *Job 37:16*
>
> *¿Quién podrá comprender la extensión de las nubes, Y el sonido estrepitoso de su morada?*
>
> *Job 36:29*
>
> *Puso tinieblas por su escondedero, por cortina suya alrededor de sí; Oscuridad de aguas, nubes de los cielos.*
>
> *Salmo 18:11*

> *Nubes y oscuridad alrededor de él; Justicia y juicio son el cimiento de su trono.*
>
> *Salmo 97:2*
>
> *Que establece sus aposentos entre las aguas, El que pone las nubes por su carroza, El que anda sobre las alas del viento...*
>
> *Salmo 104:3*

Dios, no solamente se manifiesta en una sola ocasión en las nubes, Él habita rodeado de ellas. Entendiendo esto, vamos a explorar un significado más profundo de lo que el Mesías nos quiso dar a conocer. Jesús, anunció claramente cómo es que Él vendría a morar en el Espíritu en medio de Su Iglesia.

> *Cuando el Hijo del Hombre venga en su gloria, y todos los santos ángeles con él,* **entonces se sentará en su trono de gloria...**
>
> *Mateo 25:31*

Aquí vemos claramente que **su venida en las nubes tiene que ver con Él sentándose en el trono, y no con una segunda venida física. Y esto nos es claro al entender los temas claves de interpretación que hemos venido estudiando.**

Ahora, esto es de **vital importancia,** como ya lo vimos anteriormente, que si Jesús no está sentado en el trono a la diestra del Padre, entonces, tampoco es Rey de Reyes.

Que nos quede claro: **Jesús ya fue coronado y ya le fue dado este título.**

Él le declara al Sumo sacerdote el tiempo en que esto sucedería.

> *Jesús le dijo: Tú lo has dicho; y además os digo, **que desde ahora veréis** al Hijo del Hombre sentado a la diestra del poder de Dios, y **viniendo** (erchomai)²² en las nubes del cielo. Entonces el sumo sacerdote rasgó sus vestiduras, diciendo: ¡Ha blasfemado! ¿Qué más necesidad tenemos de testigos? He aquí, ahora mismo habéis oído su blasfemia.*
>
> Mateo 26:64-65

Él le dijo: "**Desde ahora** veréis al hijo del Hombre sentado a la diestra del poder de Dios y viniendo en las nubes del cielo". El no quiso decir dentro de dos mil años, el quiso decir a partir de ese momento. Para la mente religiosa de los Fariseos esto fue considerado una blasfemia.

El profeta Daniel tuvo una visión clara del momento en que Jesús tomaría el trono.

> *Miraba yo en la visión de la noche, y he aquí **con las nubes del cielo venía uno como un hijo de hombre,** que vino hasta el Anciano de días, y le hicieron acercarse delante de él.*
>
> *Y le fue dado dominio, gloria y reino, para que todos los pueblos, naciones y lenguas le sirvieran; su dominio es dominio eterno, que nunca pasará, y su reino uno que no será destruido.*
>
> *Hasta que vino el Anciano de días, **y se dio el juicio a los santos del Altísimo; y llegó el tiempo, y los santos recibieron el reino.***
>
> *Pero se sentará el Juez, y le quitarán (a la cuarta bestia-Roma) su dominio para que sea destruido y arruinado hasta el fin,*

y que el reino, y el dominio y la majestad de los reinos debajo de todo el cielo, sea dado al pueblo de

los santos del Altísimo, cuyo reino es reino eterno, y todos los dominios le servirán y obedecerán.

Daniel 7:13-14, 22, 26-27

Ahora bien, si Jesús no ha tomado el trono, ni los santos hemos recibido el reino, como supone la teología dispensacionalista, entonces, la iglesia no tiene ningún poder y se encuentra en un limbo de espera, que no tiene ningún sentido.

El autor de Hebreos dijo claramente que el Reino era ya nuestro.

Así que, recibiendo nosotros un reino inconmovible, tengamos gratitud, y mediante ella sirvamos a Dios agradándole con temor y reverencia.

Hebreos 12:28

Luego, estas nubes de las que habla el profeta Daniel, más bien, tienen que ver, con la cubierta que rodea el trono del Padre, y no con nubes físicas.

Veamos, ahora, otros conceptos de nubes en la Palabra.

2.-LAS NUBES SON EL TABERNÁCULO DE DIOS CON LOS HOMBRES.

Una de las palabras traducida en el Hebreo como "nube" es "anan", que quiere decir, cubierta o cielo cubierto.[23]

> ¿Quién podrá comprender **la extensión de las nubes,** "anan" y el sonido estrepitoso de su morada?
>
> Job 36:29
>
> Él está sentado sobre el círculo de la tierra, cuyos moradores son como langostas; **él extiende los cielos como una cortina,** los despliega como una tienda para morar.
>
> Isaías 40:22

El sonido estrepitoso de su morada es el sonido de Su voz, hablando en medio de Su Tabernáculo, esto es en medio de la congregación de los santos. Es el sonido de la nube de testigos que conforma el templo eterno a través de todos los tiempos. Es el sonido de la multitud de los santos que hacen fluir las aguas de vida en adoración. Cada uno es un arroyo que se une con el otro para formar el sonido de las muchas aguas.

> Y oí como la voz de una gran multitud, **como el estruendo de muchas aguas,** y como la voz de grandes truenos, que decía: ¡Aleluya, porque el Señor nuestro Dios Todopoderoso reina!
>
> Apocalipsis 19:6
>
> Por tanto, nosotros también, teniendo en derredor nuestro tan grande **nube de testigos,** despojémonos de todo peso y del pecado que nos asedia, y corramos con paciencia la carrera que tenemos por delante...
>
> Hebreos 12:1

Las nubes representan el "anan" de Dios, la cobertura de su gracia que nos protege.

*Puso tinieblas por su escondedero, por cortina suya alrededor de sí; Oscuridad de aguas, **nubes de los cielos**.*

Salmos 18:11

*Que establece sus aposentos entre las aguas, El que pone las **nubes por su carroza**, El que anda sobre las alas del viento...*

Salmos 104:3

Las nubes es el lugar desde donde Dios habla a su pueblo. No sólo en el Antiguo Testamento, sino también en el Nuevo; son símbolo de la manifestación profética del Espíritu Santo.

*Mientras él decía esto, vino una **nube** que los cubrió; y tuvieron temor al entrar en la **nube**. Y vino una voz desde la nube, que decía: Este es mi Hijo amado; a él oíd.*

Lucas. 9:34-35

*Y Jehová descendió en la **nube**, y estuvo allí con él, proclamando el nombre de Jehová.*

Éxodo 34:5

*Entonces una nube cubrió el tabernáculo de reunión, y la gloria de Jehová llenó el tabernáculo. Y no podía Moisés entrar en el tabernáculo de reunión, porque la **nube** estaba sobre él, y la gloria de Jehová lo llenaba.*

Éxodo 40:34-35

Cuando el **"anan"** de Dios, ésta cobertura de protección es removida de algún lugar, los juicios de Dios se desatan. Un ejemplo de esto está en los sellos de Apocálipsis.

Y el cielo se desvaneció como un pergamino que se enrolla; y todo monte y toda isla se removió de su lugar. Y los reyes de la tierra, y los grandes, los ricos, los capitanes, los poderosos, y todo siervo y todo libre, se escondieron en las cuevas y entre las peñas de los montes; y decían

a los montes y a las peñas: Caed sobre nosotros, y escondednos del rostro de aquel que está sentado sobre el trono, y de la ira del Cordero…

Apocalipsis 6:14-16

Esta escritura no habla del fin del mundo, sino de cómo la cobertura de su "anan" es removida para que se desate la justicia de Dios sobre la tierra.

3.- LAS NUBES ES DONDE ÉL SE UNE A SU PUEBLO.

Las nubes simbolizan el ámbito del Espíritu, donde nos hacemos uno en Jesús.

Otra palabra para nube, en el hebreo, es **"Chishshur"**, que significa **"unir"**. Su significado nos habla del centro de una rueda, donde se unen sus rayos.[24]

La palabra **"Chishshur"** nos lleva a la idea del Espíritu del Señor uniendo a Su cuerpo en Sí mismo.

Mientras Jesús estaba en la tierra, nadie podía ser su cuerpo, pero al Él manifestarse en las nubes, nos reúne a todos dentro de Él para formar parte de Su cuerpo espiritual.

> *Y si me fuere y os preparare lugar, vendré otra vez, y os tomaré a mí mismo, para que donde yo estoy, vosotros también estéis. Y sabéis a dónde voy, y sabéis el camino.*
>
> *Juan 14:3-4*

En el libro de Ezequiel, vemos cómo el espíritu de los seres vivientes se movía dentro de las ruedas, del "Chishshur" de Dios. Es en el "Chishshur" donde se encuentra el Espíritu que da vida y unifica.

> *Hacia donde el espíritu les movía que anduviesen, andaban; hacia donde les movía el espíritu que anduviesen, las **ruedas** también se levantaban tras ellos; porque el espíritu de los seres vivientes estaba en las **ruedas**.*
>
> *Ezequiel 1:20*

La gloria que me diste, yo les he dado, para que sean uno, así como nosotros somos uno. Yo en ellos, y tú en mí, para que sean perfectos en unidad, para que el mundo conozca que tú me enviaste, y que los has amado a ellos como también a mí me has amado. Padre, aquellos que me has dado, **quiero que donde yo estoy, también ellos estén conmigo, para que vean mi gloria que me has dado;** *porque me has amado desde antes de la fundación del mundo.*

Juan 17:22-24

Jesús se sentó en Su trono y nos compartió de su misma gloria. No estamos separados del Señor esperando podernos unir con Él en las nubes. Si Él mora en nosotros y nosotros en Él, estamos unidos eternamente. Donde Él está, también estamos nosotros. Él vino en Espíritu para que fuésemos uno con el Padre y con Él. No estamos ya más separados de Él.

4.-LAS NUBES REPRESENTAN GENTE.

Jesús viene en medio de las nubes para juzgar a los que hacen maldad, las cuales la escritura señala como nubes sin agua.

Estos son fuentes sin agua, y nubes empujadas por la tormenta; para los cuales la más densa oscuridad está reservada para siempre.

2 Pedro 2:17

Estos son manchas en vuestros ágapes, que comiendo impúdicamente con vosotros se apacientan a sí mismos; nubes sin agua, llevadas de acá para allá por los vientos; árboles otoñales, sin fruto, dos veces muertos y desarraigados...

Judas 1:12

5.-LAS NUBES REPRESENTAN TIEMPOS DE JUICIO.

Día de ira aquel día, día de angustia y de aprieto, día de alboroto y de asolamiento, día de tiniebla y de oscuridad, día de nublado y de entenebrecimiento...

Sofonías 1:15

He aquí que subirá como nube, y su carro como torbellino; más ligeros son sus caballos que las águilas. ¡Ay de nosotros, porque entregados somos a despojo!

Jeremías 4:13

Día de tinieblas y de oscuridad, día de nube y de sombra; como sobre los montes se extiende el alba, así vendrá un pueblo grande y fuerte; semejante a él no lo hubo jamás, ni después de él lo habrá en años de muchas generaciones.

Joel 2:2

Esta profecía se cumple cuando Jesús toma el Trono y le da autoridad y reino a los santos del Altísimo.

6.- TODO OJO LE VERÁ.

*He aquí que viene con las nubes, **y todo ojo le verá**, y los que le traspasaron; y todos los linajes de la tierra harán lamentación por él. Sí, amén.*

Apocalipsis 1:7

Aquí vemos que en Su venida en las nubes "todo ojo le verá". Ahora bien, Jesús indicó a sus discípulos que vendría en una forma en que el mundo no lo vería sin embargo ellos sí.

Todavía un poco, y el mundo no me verá más; pero vosotros me veréis; porque yo vivo, vosotros también viviréis.

Juan 14:19

Las palabras "todo ojo le verá" era una expresión judía que significaba que algo era un hecho. Era lo mismo que decir "será evidente" o "será algo comúnmente conocido". Vemos esa misma expresión en el libro de Isaías cuando éste profetiza sobre la gloria de Dios que vendría cuando Juan el Bautista sumergiera a Jesús en el Jordán.

*Voz que clama en el desierto: Preparad camino a Jehová; enderezad calzada en la soledad a nuestro Dios. Todo valle sea alzado, y bájese todo monte y collado; y lo torcido se enderece, y lo áspero se allane. Y se manifestará la gloria de Jehová, **y toda carne juntamente la verá;** porque la boca de Jehová ha hablado.*

Isaías 40:3-5

Cuando Jesús fue bautizado, los cielos se abrieron y todos los que estaban ahí oyeron al Padre reconocer al Hijo.

> *Y descendió el Espíritu Santo sobre él en forma corporal, como paloma, y vino una voz del cielo que decía: Tú eres mi Hijo amado; en ti tengo complacencia.*
>
> Lucas 3:22

Esto no fue televisado vía satélite a todas las naciones, sin embargo, dice que toda carne juntamente lo vio. Los discípulos y los seguidores de Jesús reconocieron esa gloria, más no los religiosos ni los que lo crucificaron.

Pedro habla de otro momento semejante en que ellos ven la gloria de Jehová durante la transfiguración de Jesús.

> *Porque no os hemos dado a conocer el poder y la venida de nuestro Señor Jesucristo siguiendo fábulas artificiosas, **sino como habiendo visto con nuestros propios ojos su majestad**. Pues cuando él recibió de Dios Padre honra y gloria, le fue enviada desde la magnífica gloria una voz que decía: Este es mi Hijo amado, en el cual tengo complacencia. Y nosotros oímos esta voz enviada del cielo, cuando estábamos con él en el monte santo.*
>
> 2 Pedro 1:16-18

Cuando Cristo se manifiesta entre su pueblo, es visto por aquellos que son sus discípulos. Él es el que es, el que era y el que está viniendo (erchomai)[25], el Todopoderoso. Y constantemente hay testimonios de sus manifestaciones por medio de todo tipo de visiones y apariciones que suceden en medio de un ambiente profético.

¿Cuántas veces no decimos: El Señor está entrando en este momento en medio de la congregación, o lo vemos extendiendo Su mano y haciendo milagros? ¿Cuántas veces en manifestaciones de guerra no lo hemos visto venir en su caballo blanco y sus ángeles con Él? ¿Cuántas veces no hemos visto su brazo extendido y su espada refulgente trayendo justicia sobre una ciudad, o hemos sido inmersos en una nube intensa de su presencia?

Si esto no le está sucediendo, es porque no está en medio de una atmósfera profética, o porque no cree que le pueda suceder a usted. La realidad es que son miles y miles los que han experimentado manifestaciones de este tipo.

Notas

[22] 2064. Voz media de un verbo primario (usado únicamente en el presente y en tiempos imperfectos). Traducción de Concordancia Bíblica Strong.

[23] 6051. Cielo cubierto, cubierta de nubes, i. e. "nimbus", nube de tormenta. Traducción de Concordancia Bíblica Strong.

[24] 2840. De una raíz inusual que significa atar algo en conjunto, combinándolo o bien el punto central de una rueda. Traducción de Concordancia Bíblica Strong.

[25] Biblia Textual.

14 RECIBIENDO AL SEÑOR EN LAS NUMBES

Estos temas. Creo también que nadie tiene la última palabra al respecto, ni deseo imponerle nada a nadie.

Mi intención es analizar este tema desde la perspectiva profética y los principios fundamentales que hemos venido analizando y darte una luz que te será de gran bendición.

> *Porque el Señor mismo con voz de mando, con voz de arcángel, y con trompeta de Dios, descenderá del cielo; y los muertos en Cristo resucitarán primero.*
>
> *Luego nosotros los que vivimos, los que hayamos quedado, seremos arrebatados juntamente con ellos en las nubes para recibir al Señor en el aire, y así estaremos siempre con el Señor.*
>
> *Por tanto, alentaos los unos a los otros con estas palabras.*
>
> 1 Tesalonicenses 4:16-18

Para poder entender la profundidad de lo que el Apóstol Pablo está hablando, voy a desglosar el pasaje, en varios sub temas.

A) Ya estamos de continuo con el Señor.

Antes de tratar de interpretar este pasaje tenemos que partir del hecho que el corazón del evangelio es que los que somos de Él, ya estamos unidos eternamente a Él. En Él vivimos, nos movemos y somos (Hechos 17:28). En El tenemos acceso a los lugares celestiales y a Su mismo trono.

Pablo, en esa misma carta a los Tesalonicenses, nos dice que ya estamos unidos a Él.

> *Porque no nos ha puesto Dios para ira, sino para alcanzar salvación por medio de nuestro Señor Jesucristo, quien murió por nosotros para que ya sea que velemos, o que durmamos,* **vivamos juntamente con él.**
>
> *1 Tesalonicenses 5:9-10*

Luego, la interpretación de este pasaje en que somos arrebatados para recibir al Señor en las nubes, tiene que significar algo diferente que una unión futura de Jesús con su Iglesia. Esta forma de ver las cosas sugiere que no estamos completos en Él, ni Él en nosotros.

En todas las epístolas de Pablo el hace hincapié en lo poderoso que es estar unidos a él. Entre muchas cosas el dijo:

> *"El que se ha unido a Jesús es un espíritu con el Señor."*
>
> *1 Corintios 6*

Pablo jamás sugiere que esta unión sea parcial o inconclusa. Recuerde lo que dijo el Apóstol Pedro acerca del Apóstol Pablo, y esto es que muchos tuercen sus escritos, al ser difíciles de entender.

B) ¿Qué es un arrebatamiento?

Creo que se trata de un arrebatamiento personal, de un encuentro poderosísimo con Jesús en que genuinamente Su Espíritu se une al nuestro. En mi caso lo he experimentado muchas veces, mi encuentro con el Señor en la Isla de Patmos fue uno de muchos.

Su nube es verdadera y ser asidos por Jesús dentro de ella nos va transformando de Gloria en gloria. No todo él que le llama ¡Señor, Señor! tiene esta vivencia, sino los que han muerto a su vida terrenal para amarlo y seguirlo. La palabra "nubes" en esta escritura es en griego[26] "nephele", que quiere decir nebuloso. Esta es la misma palabra usada para determinar la nube de testigos en Hebreos 12. Pablo le está hablando a los Tesalonicenses acerca del destino de aquellos que habían muerto en Cristo y que eran ya parte de la nube de testigos y del cuerpo eterno de Cristo; así como de la instantánea transformación de aquellos que estaban todavía vivos, cuando eran envueltos en la nube de su gloria.

Recordemos que estaban viviendo en tiempos de gran tribulación esperando que la justicia de Dios se manifestara sobre su enemigo, el Imperio Romano. Los hermanos se preguntaban qué pasaba con los que morían en Cristo antes que él se manifestara. (refiriéndose al juicio que esperaban y que vendría en el año 70)

Creo, y es lo que a mí me ha sido revelado, que esta escritura se refiere a Jesús viniendo a morar en nosotros. Jesús en su Chishshur (nube – centro de la rueda) une para Sí mismo Su cuerpo eterno y nos hace uno con el Padre y con él.

Esto concuerda con la palabra arrebatar en este pasaje de Tesalonicenses la cual viene del griego "harpazo", que quiere decir "asir"[27], y que se deriva de la palabra "haireomai" que, a su vez, significa tomar para uno mismo.

Jesús les dijo a sus discípulos que él vendría otra vez y nos tomaría para sí mismo para que estuviéramos siempre con él (Juan 14:1-2). Este pasaje es paralelo al de Tesalonicenses. Jesús habló que vendría a unirse con todos nosotros los hijos de Dios para hacer en nosotros Su morada. En ese momento en que Él viene a nuestros corazones, todo nuestro ser es transformado, y podemos oír su voz y experimentar Su presencia dentro de Su nube de gloria. Es cuando genuinamente hemos nacido del agua y del Espíritu y somos como el viento, como el aire en que Dios nos encuentra para dirigirnos por el Espíritu.

C) La nube de Su presencia.

La nube de su presencia, en este caso es la palabra en hebreo "nephele", que como ya vimos anteriormente, es la misma palabra para describir la nube de testigos. El "nephele", es la presencia de Dios manifestada en una nube que unió, en un momento dado de la historia, a los creyentes de todos los tiempos, aquellos que fueron antes de cristo y los que estaban vivos en aquel tiempo. Esta nube está de continuo creciendo entre más y más creyentes se unen eternamente al Señor. Fue el mismo bautismo en la nube que experimentó Israel en el tiempo de Moisés y del cual habla Pablo a la Iglesia.

*Porque no quiero, hermanos, que ignoréis que nuestros padres todos estuvieron bajo la nube, y todos pasaron el mar; y todos en Moisés fueron **bautizados en la nube** y en el mar, y todos comieron el mismo alimento espiritual, y todos bebieron la misma bebida espiritual; porque bebían de la roca espiritual que los seguía, y la roca **era Cristo.***

1 Corintios 10:1-4

Porque la nube de Jehová estaba de día sobre el tabernáculo, y el fuego estaba de noche sobre él, a vista de toda la casa de Israel, en todas sus jornadas.

Éxodo 40:38

Esta nube es un tipo y una sombra de la gloria de Dios que reposa en el creyente de Reino quién es, ahora, el Tabernáculo de Dios en la tierra.

D) Resucitados en nuestro espíritu.

Al sonido de Su voz, cuando la revelación de Cristo se manifiesta en nuestras vidas, nos hacemos conscientes de que somos un solo cuerpo eterno que se va uniendo en Él de generación en generación.

En Cristo, en Su reino, somos resucitados por Su gloria para vivir con el Señor para siempre. Esta experiencia transforma todo nuestro ser integral. Pablo sabía esto y lo enseñaba.

> *Si, pues, habéis resucitado con Cristo, buscad las cosas de arriba, donde está Cristo sentado a la diestra de Dios. Poned la mira en las cosas de arriba, no en las de la tierra. Porque habéis muerto, y vuestra vida está escondida con Cristo en Dios. Cuando Cristo, vuestra vida, se manifieste (Phaneroo-manifiestar[28]), entonces vosotros también seréis manifestados con él en gloria.*
>
> Colosenses 3:1-4

Si nuestra vida está escondida en Cristo y con Él estamos juntamente resucitados, entonces, esa transformación se manifiesta en nuestras vidas. Su voz resuena en nosotros como una explosión de vida de resurrección que nos vivifica continuamente. Esto es coherente con lo que decía Isaías acerca de Cristo viviendo en nosotros.

> *Levántate, resplandece; porque ha venido tu luz, y la gloria de Jehová ha nacido sobre ti. Porque he aquí que tinieblas cubrirán la tierra, y oscuridad las naciones; mas sobre ti amanecerá Jehová, y sobre ti será vista su gloria. Y andarán las naciones a tu luz, y los reyes al resplandor de tu nacimiento.*
>
> Isaías 60:1-3

Ahora, volviendo a la escritura de 1 Tesalonicenses 4:17 vemos que está íntimamente relacionada con 1 Corintios 15, donde Pablo describe la resurrección en cuerpo espiritual de aquellos que están en Jesús.

> *Se siembra cuerpo animal, **resucitará cuerpo espiritual**. Hay cuerpo animal, y hay cuerpo espiritual. Así también está escrito: Fue hecho el primer hombre Adán alma viviente; **el postrer Adán, espíritu vivificante**.*

Mas lo espiritual no es primero, sino lo animal; luego lo espiritual. El primer hombre es de la tierra, terrenal; el segundo hombre, que es el Señor, es del cielo. Cual el terrenal, tales también los terrenales; **y cual el celestial, tales también los celestiales.** *Y así como hemos traído la imagen del terrenal,* **traeremos también la imagen del celestial.** *Pero esto digo, hermanos:* **que la carne y la sangre no pueden heredar el reino de Dios,** *ni la corrupción hereda la incorrupción. He aquí, os digo un misterio: No todos dormiremos; pero todos seremos transformados, en un momento, en un abrir y cerrar de ojos, a la final trompeta; porque se tocará la trompeta, y los muertos serán resucitados incorruptibles, y nosotros seremos transformados.*

1 Corintios 15:44-52

Notemos que el pasaje de 1 Tesalonicenses 4:16-17 es exactamente igual a la última parte de estos versículos en 1 Corintios 15.

Porque el Señor mismo con voz de mando, con voz de arcángel, **y con trompeta de Dios, descenderá del cielo; y los muertos en Cristo resucitarán primero. Luego nosotros los que vivimos, los que hayamos quedado, seremos arrebatados** *juntamente con ellos en las nubes para recibir al Señor en el aire, y así estaremos siempre con el Señor.*

Si bien Pablo está hablando de cómo será la resurrección de los muertos, también está estableciendo un principio en cuanto a la transformación de los que viven habiendo sido resucitados en Cristo Jesús.

> *Si, pues, habéis resucitado con Cristo, buscad las cosas de arriba, donde está Cristo sentado a la diestra de Dios.*
>
> *Colosenses 3:1*

La Iglesia es la imagen de Cristo. En Él llevamos la imagen del Padre Celestial. La resurrección se empieza a manifestar mientras estamos vivos, vivificando nuestros cuerpos mortales.

Ahora, volvamos a la explicación que Pablo está haciendo acerca de nuestra transformación cuando resucitamos en Cristo.

D.1) La resurrección es nuestra habitación celestial.

> *Porque es necesario que esto corruptible se vista de incorrupción, y esto mortal se vista de inmortalidad. Y cuando esto corruptible se **haya vestido de incorrupción, y esto mortal se haya vestido de inmortalidad,** entonces se cumplirá la palabra que está escrita: **Sorbida es la muerte en victoria.***
>
> *1 Corintios 15:53-54*

Aquí vemos dos cosas de las que tenemos que ser vestidos, incorrupción e inmortalidad. Pablo está hablando de ser genuinamente revestidos de nuestra habitación celestial, que es Cristo. La resurrección empieza en los que han muerto en Cristo, los que han crucificado su vida con sus deseos y pasiones, mientras están aún vivos.

En su segunda epístola a los Corintios, Pablo vuelve a abordar el tema de ser revestidos de nuestra habitación celestial y de cómo lograrlo.

> *Porque sabemos que si nuestra morada terrestre, este tabernáculo, se deshiciere, tenemos de Dios un edificio, una casa no hecha de manos, eterna, en los cielos. Y por esto también gemimos, deseando ser revestidos de aquella nuestra habitación celestial;* **pues así seremos hallados vestidos, y no desnudos.** *Porque asimismo los que estamos en este tabernáculo gemimos con angustia; porque no quisiéramos ser desnudados, sino revestidos,* **para que lo mortal sea absorbido por la vida.**
>
> 2 Corintios 5:1-4

Pablo habla de ser hallados revestidos de nuestra morada celeste, a través de la cual todo lo mortal es absorbido por la vida. Si dice "ser hallados revestidos", claramente indica que NO se refiere a algo que sucede después de la muerte, sino mientras estamos vivos. Jesús prometió regresar espiritualmente para ser nuestra habitación, para hacernos morar en Él, para ser nuestra resurrección mientras estemos en este cuerpo desde ahora y para siempre.

Nosotros no moriremos aunque dejemos atrás nuestro cuerpo terrenal. No dormiremos como les sucedió a los santos del Antiguo Pacto. Al momento de partir de este mundo instantáneamente estaremos en su presencia completamente vivos y resucitados en Él. Sólo seremos desvestidos de nuestra carne.

> *¿Dónde está, oh muerte, tu aguijón? ¿Dónde, oh sepulcro, tu victoria? ya que el aguijón de la muerte es el pecado, y el poder del pecado, la ley. Mas gracias sean dadas a Dios,* **que nos da la victoria** *por medio de nuestro Señor Jesucristo.*
>
> 1 Corintios 15:55-57

Este versículo es clave para darnos cuenta que Pablo habla de la eficacia de la resurrección morando en nosotros.

> *Pero respecto a que los muertos resucitan, ¿no habéis leído en el libro de Moisés cómo le habló Dios en la zarza, diciendo: Yo soy el Dios de Abraham, el Dios de Isaac y el Dios de Jacob? Dios no es Dios de muertos, sino Dios de vivos; así que vosotros mucho erráis.*
>
> *Marcos 12:26-27*

Podemos ver en sus escritos, que Pablo estaba determinado a alcanzar el estado de resurrección en vida.

Por eso habla de ser revestidos de nuestra habitación Celestial, para que lo mortal sea absorbido por la vida.

Esto mismo se los escribe a los Filipenses, y ser hallado en él, no teniendo mi propia justicia, que es por la ley, sino la que es por la fe de Cristo, la justicia que es de Dios por la fe; a fin de conocerle, y el poder de su resurrección, y la participación de sus padecimientos, llegando a ser semejante a él en su muerte, si en alguna manera llegase a la resurrección de entre los muertos.

> *No que lo haya alcanzado ya, ni que ya sea perfecto; sino que prosigo, por ver si logro asir aquello para lo cual fui también asido por Cristo Jesús. Hermanos, yo mismo no pretendo haberlo ya alcanzado; pero una cosa hago: olvidando ciertamente lo que queda atrás, y extendiéndome a lo que está delante, prosigo a la meta, al premio del supremo llamamiento de Dios en Cristo Jesús.*
>
> *Filipenses 9-14*

Aquí es obvio que el está buscando alcanzar la resurrección en vida. Por eso dice: No que lo haya alcanzado ya...

Esto claramente indica que no se está refiriendo a la final resurrección de los muertos, sino a algo que se puede alcanzar mientras estamos en este mundo. El enfatiza que anhela alcanzar aquello para lo cual fue asido.

La transformación de todo el ser espíritu, alma y cuerpo son una constante en sus escritos. Por eso es mi parecer y lo que he entendido de Pablo que este pasaje de Tesalonicenses tiene un significado mucho más profundo y diferente al que se le dado.

E) Su manifestación en medio de nosotros.

Jesús también habló de cómo sería la manifestación de su presencia (parousia). Les estaba hablando a los que entrarían en la gran persecución durante su tiempo. Necesitaba alentarlos ante la tribulación que se avecinaba.

> No os dejaré huérfanos; **vendré a vosotros.** Todavía un poco, y el mundo no me verá más; **pero vosotros me veréis;** porque yo vivo, vosotros también viviréis. En aquel día vosotros conoceréis que yo estoy en mi Padre, y vosotros en mí, y yo en vosotros. El que tiene mis mandamientos, y los guarda, ése es el que me ama; y el que me ama, será amado por mi Padre, y yo le amaré, **y me manifestaré (Phanerroo) a él.** Le dijo Judas (no el Iscariote): Señor, **¿cómo es que te manifestarás a nosotros, y no al mundo?** Respondió Jesús y le dijo:

> *El que me ama, mi palabra guardará; y mi Padre le amará, El que me ama, mi palabra guardará; y mi Padre le amará, y vendremos a él, **y haremos morada con él.***
>
> *Juan 14:18-23*

Otra vez vemos aquí Su Tabernáculo spiritual siendo la clave de Su manifestación. Él vuelve, no los deja huérfanos, ellos lo ven porque hace su morada dentro de ellos. Lo mismo que sucede en nosotros. Este volver, no es una segunda venida física, como se ha concebido, es Jesús viniendo a habitar el corazón de los que le aman.

De acuerdo a lo que hemos estado estudiando, "Jesús viniendo en las nubes" tiene que ver con Su manifestación como Rey de reyes gobernando y rigiendo la tierra con los creyentes. Esto implica que esta transformación instantánea sucede cuando su voz, la cual es como de trompeta, revela en nosotros al Cristo glorificado y, en ese momento, somos vivificados. Las trompetas son símbolos de la voz profética. En un instante, nuestro espíritu dormido es traído a la vida para ver y oír el ámbito del Reino de Dios.

> *Yo estaba en el Espíritu en el día del Señor, y oí detrás de mí una gran voz como de trompeta, que decía: Yo soy el Alfa y la Omega, el primero y el último. Escribe en un libro lo que ves, y envíalo a las siete iglesias que están en Asia...*
>
> *Apocalipsis 1:10 y 11a*

Juan escuchó la trompeta y nos da el ejemplo en la experiencia del Apocalipsis de cómo la revelación de Su Gloria va en progreso en nuestra vida, abriéndonos las dimensiones de los lugares celestiales.

Los apóstoles habían escuchado que Jesús dijo, hablando de su venida que habría algunos que estarían vivos de entre ellos para ver ese día.

También les dijo:

> *De cierto os digo que hay algunos de los que están aquí, que no gustarán la muerte hasta que hayan visto el reino de Dios venido con poder.*
>
> Marcos 9:1

Esto se refería al Apóstol Juan quien todavía vivía en el año 70 DC cuando vino la manifestación del Reino en juicio sobre Jerusalén.

Notas

[26] 3507. Correctamente, la nubosidad, es decir, (concretamente) una nube: - nube. Traducción de Concordancia Bíblica Strong.

[27] 726. Se deriva del 138. Asir (en varias aplicaciones). 138. Tomar para uno mismo i-e escoger, preferir. — Elegir. Algunas formas han sido tomadas de cognate e0llomai hellomai, por lo demás obsoleta. Traducción de Concordancia Bíblica Strong.

[28] 5319. Hacer aparente, aparecer, declarar en forma manifiesta. Mostrar. Traducción de Concordancia Bíblica Strong.

15. La Suprema Corte del Cielo

LA SUPREMA CORTE DEL CIELO.

> *Jesús les dijo: De cierto os digo que en la regeneración, cuando el Hijo del Hombre se siente en el trono de su gloria, vosotros que me*
>
> *habéis seguido también os sentaréis sobre doce tronos, para juzgar a las doce tribus de Israel.*
>
> *Mateo 19:28*

Como ya hemos visto a través de este libro, Jesús otorga a los santos vencedores la facultad de juzgar. Él nos abrió el camino para entrar confiadamente delante de Su trono y, una vez ahí, podemos ver cómo está organizado el cielo para desatar un juicio. Es el hijo varón de Apocalipsis 12 quien tiene acceso al cielo para juzgar con vara de hierro.

> *Y ella dio a luz un hijo varón, que regirá con vara de hierro a todas las naciones; y su hijo fue arrebatado para Dios y para su trono.*
>
> *Apocalipsis 12:5*

Este hijo varón es la Iglesia vencedora, la que ha negado su vida hasta la muerte, la que ha aprendido a luchar contra el diablo sujetándolo bajo sus pies. En su boca hay siempre palabras de triunfo con las que le recuerda a satanás todas las formas en que lo ha vencido. Estas son las palabras de su testimonio.

> *Y ellos le han vencido por medio de la sangre del Cordero y de la palabra del testimonio de ellos, y menospreciaron sus vidas hasta la muerte.*
>
> *Apocalipsis 12:11*

1.- LOS 24 ANCIANOS.

Una vez que hemos vencido en todos los mandamientos dados a las siete iglesias de Asia, estamos listos para ser promovidos y entender la Suprema Corte en el cielo y sus juicios. El vencer, establece nuestra posición y nos abre las puertas de los cielos. El Apóstol Juan, primicia de esa Iglesia victoriosa, es arrebatado al cielo (igual que cientos de personas lo son hoy) para ver y formar parte del maravilloso diseño del gobierno de Dios preparado para Su Iglesia.

Notemos que en el capítulo uno, Juan estaba en un nivel "En el Espíritu". Luego, en el capítulo 4, se encuentra en un nivel mucho más alto e intenso de esa experiencia. Él pasa del nivel de revelación al nivel de gobierno.

> ***Yo estaba en el Espíritu*** *en el día del Señor, y oí detrás de mí una gran voz como de trompeta...*
>
> *Apocalipsis 1:10*

> *Después de esto miré, y he aquí una puerta abierta en el cielo; y la primera voz que oí, como de trompeta, hablando conmigo, dijo: Sube acá, y yo te mostraré las cosas que sucederán después de estas. Y al **instante yo estaba en el Espíritu;** y he aquí, un trono establecido en el cielo, y en el trono, uno sentado.*
>
> Apocalipsis 4:1-2

La revelación viene por la intimidad y la sed con la que buscamos a Dios, pero la autoridad para regir viene cuando hemos vencido el Sistema Babilónico. Hay un tipo de autoridad que nos es dada por gracia y es parte de nuestra redención, pero hay otra que es conquistada.

Ahora bien, en el reino de Dios, los cielos y la tierra operan conjuntamente. En el cielo se reúnen alrededor del Trono 24 Ancianos y 4 querubines o seres vivientes. Veinticuatro es el número de gobierno perfecto, es el diseño divino para regir y juzgar que Jesús le dio a la Iglesia, ella es parte de Su corte suprema de justicia.

> *Y el aspecto del que estaba sentado era semejante a piedra de jaspe y de cornalina; y había alrededor del trono un arco iris, semejante en aspecto a la esmeralda. Y alrededor del trono había veinticuatro tronos; y vi sentados en los tronos a veinticuatro ancianos, vestidos de ropas blancas, con coronas de oro en sus cabezas.*
>
> Apocalipsis 4:3-4

Este es el modelo que Él nos dejó para ser un organismo vivo victorioso y dirigido por el cielo. Una Iglesia edificada por Él, donde las puertas del Hades no prevalecen contra ella.

Los Ancianos tienen este nombre ya que manifiestan el carácter de

Dios como Juez. En el libro de Daniel, vemos al Padre usando también este nombre, Su trono es de Fuego ya que este es el elemento que simboliza sus juicios.

> *Estuve mirando hasta que fueron puestos tronos, y se sentó un Anciano de días, cuyo vestido era blanco como la nieve, y el pelo de su cabeza como lana limpia; su trono llama de fuego, y las ruedas del mismo, fuego ardiente. Un río de fuego procedía y salía de delante de él; millares de millares le servían, y millones de millones asistían delante de él; el Juez se sentó, y los libros fueron abiertos.*
>
> Daniel 7:9-10

> *Hasta que vino el **Anciano de días**, y se dio el juicio a los santos del Altísimo; y llegó el tiempo, y los santos recibieron el reino.*
>
> Daniel 7:22

> *Y vi tronos, y se sentaron sobre ellos los que recibieron facultad de juzgar...*
>
> Apocalipsis 20:4a

Estos veinticuatro ancianos no son gente con nombres que Juan podía identificar y, ciertamente, no son las doce tribus de Israel o los doce Apóstoles del Cordero como individuos en sí, sino que es, más bien, la representación del gobierno de la Iglesia. Juan no se estaba viendo a sí mismo en uno de los tronos, ni identifica a sus consiervos, los otros Apóstoles, aunque necesariamente él era parte de ese sistema.

Este es un número que simboliza la estructura del gobierno de Dios y Su sistema de Justicia, lo compone gente de todo linaje y nación. Aquí vemos a los 24 ancianos cantando y se nos dice de dónde vienen: de todo linaje, lengua y nación.

> *y cantaban un nuevo cántico, diciendo: Digno eres de tomar el libro y de abrir sus sellos; porque tú fuiste inmolado, y con tu sangre nos has redimido para Dios, de todo linaje y lengua y pueblo y nación; y nos has hecho para nuestro Dios reyes y sacerdotes, y reinaremos sobre la tierra.*
>
> Apocalipsis 5:9-10

Entender el lugar de los "Ancianos" es clave en el Reino de Dios. Cuando hoy se habla de ancianos en las iglesias, se refieren al grupo de líderes o co-pastores debajo del Pastor titular de una iglesia local, pero éste término jamás fue diseñado de esta manera. Los Ancianos son el componente vital para traer el Reino de Dios a la tierra. Pablo, en sus viajes misioneros, establecía Ancianos en las ciudades, y no pastores sobre congregaciones.

> *Por esta causa te dejé en Creta, para que corrigieses lo deficiente, y establecieses ancianos en cada ciudad, así como yo te mandé...*
>
> Tito 1:5

Los Ancianos tienen una carga y una comprensión sobre la ciudad, al igual que la autoridad para regir sobre ella, junto con los Apóstoles. Ellos no piensan en términos de "Mi congregación" o "Mi red", sino en establecer el Reino de Dios en todas las áreas de la sociedad, siendo responsables, como equipo, de que esto suceda.

Dios tiene que reposicionar en forma adecuada a los hombres y mujeres que Él ha llamado al ministerio. Toda la estructura de la Iglesia tiene que ser alineada con los diseños del cielo y no con los que venimos arrastrando desde el tiempo de Lutero en la Edad Media, contaminados de Babilonia. Para dar paso a esto, Dios ha empezado una reforma de entendimiento celestial y profético en la que podamos regir, juntamente con Él, en Sus términos, y no en los nuestros. No se trata de destruir congregaciones ni pastores, sino de reformarlos en un nuevo entendimiento que nos permita caminar como "Una Iglesia" unida por sus coyunturas, en el poder y la victoria que Dios nos ha dado. Muchos que hoy son Pastores, Profetas o Apóstoles, serán reposicionados estratégicamente por Dios para que sea establecido Su sistema de justicia en La Iglesia.

1a) Dios quiere establecer Ancianos en la tierra.

Los Ancianos, tal y como los vemos en este diseño divino, son primeramente vencedores sobre Babilonia. Ellos han sido promovidos para estar de continuo frente al Trono. Ellos entienden la verdadera adoración, que conduce al cántico nuevo, y esto es lo que los mantiene en esta posición tan cercana a Dios. Ellos se mueven en una profunda dimensión profética, en la que saben lo que el cielo está hablando en todo tiempo. Es desde este entendimiento celestial que ellos pueden gobernar correctamente sobre la tierra.

Ellos han penetrado un nivel de la gloria de Dios que sólo le es revelada a los que han entendido los juicios de Dios y la forma en que Él establece su justicia. En este nivel, vemos operar a los cuatro seres vivientes, que habitan dentro de la misma gloria del Señor.

> *Y delante del trono había como un mar de vidrio semejante al cristal; y junto al trono, y alrededor del trono, cuatro seres vivientes llenos de ojos delante y detrás.*
>
> *El primer ser viviente era semejante a un león; el segundo era semejante a un becerro; el tercero tenía rostro como de hombre; y el cuarto era semejante a un águila volando. Y los cuatro seres vivientes tenían cada uno seis alas, y alrededor y por dentro estaban llenos de ojos; y no cesaban día y noche de decir: Santo, santo, santo es el Señor Dios Todopoderoso, el que era, el que es, y el que ha de venir.*
>
> Apocalipsis 4:6-8

Estos tienen ojos por dentro y por fuera porque miran todos los ángulos de cada circunstancia, y les instruyen cómo juzgar, conforme a la sabiduría de Dios. Los Ancianos están en continuo acuerdo con los cuatro seres vivientes quienes les instruyen como juzgar en la tierra desde la posición celestial.

A cada uno de estos querubines se le ha dado el entender una perspectiva diferente de los juicios de Dios. El León, ve desde el punto de vista de Dios como el Soberano Rey. El Becerro, desde los ojos de servicio de Jesús. El Hombre, desde la humanidad vencedora del hijo de Dios. Y el Águila, desde la multiforme sabiduría de Dios, la perspectiva del Espíritu de Cristo, quien ha ascendido y revela el ámbito celestial.

Un caso bíblico de esta forma de juzgar, lo vemos en el trato de Dios con Saulo de Tarso. Por un lado, era el asesino de la Iglesia, pero por otro, tenía celo de Dios y con gran denuedo procuraba lo que estimaba, equivocadamente, que era la voluntad de Dios.

Dios no lo Juzgó nada más por lo malo, sino que vio lo favorable de su carácter y lo transformó en un gran Apóstol.

Tanto los cuatro seres vivientes como los ancianos, continuamente reconocen el liderazgo, la soberanía y la gloria de Dios. Ellos siempre apuntan hacia los logros del Padre y no los de los hombres. Los ancianos tienen una humildad genuina, arrojando sus coronas delante de Dios, para que sólo Él sea exaltado.

Lo importante para ellos es su posición alrededor del Trono y no que sus nombres sean reconocidos. No buscan la fama ni el tener la congregación más grande (aunque pueden tenerla). Su anhelo es nunca perder su posición y su función celestial. No están en competencia entre ellos, sino en armonía y fraternidad, porque juntos escuchan las mismas cosas que salen del Trono. Pasan tiempo juntos para escuchar las directrices de Dios y ser precisos en cuanto a los juicios y el consejo divinos.

El Trono de Dios tiene muchas y diversas características y muchos ángulos desde los cuales se le puede observar. En el caso de Apocalipsis 4 y 5, la manifestación que vemos es la de justicia y juicio. Los 24 Ancianos están sumergidos en medio de una fortísima presencia de Dios que produce truenos y relámpagos. Esta experiencia es similar a la que vivió Moisés al recibir las tablas de la ley en el monte Sinaí, el cual humeaba y se sacudía con grandes truenos. Fue ahí que él recibió la autoridad para regir, dar consejo y desatar los juicios de Dios.

Moisés veía a Dios a cara descubierta, de la misma manera que le es concedido a los ancianos estar delante del Trono.

> *Y del trono salían relámpagos y truenos y voces; y delante del trono ardían siete lámparas de fuego, las cuales son los siete espíritus de Dios. Apocalipsis 4:5*

Los siete Espíritus están alrededor de ellos, ya que lo Ancianos gobiernan con el entendimiento de la plenitud del Espíritu.

En el Capítulo 5 de Apocalipsis, vemos al que está sentado en el Trono sostener en la mano un rollo que nadie, ni en el cielo ni en la tierra podía abrir, lo cual entristece a Juan. Aquí vemos con claridad la operación del cielo antes de la primera venida de Cristo y después que Él asciende al Trono. Antes que el Mesías viniera nadie en el cielo ni en la tierra podía soltar los juicios de Dios. Son los Ancianos que están alrededor de la Gloria los que pueden ver a Jesús como Rey en toda Su Autoridad y darle esta revelación a la Iglesia, en este caso representada por Juan.

Y uno de los ancianos me dijo: No llores. He aquí que el León de la tribu de Judá, la raíz de David, ha vencido para abrir el libro y desatar sus siete sellos.

> *Y miré, y vi que en medio del trono y de los cuatro seres vivientes, y en medio de los ancianos, estaba en pie un Cordero como inmolado, que tenía siete cuernos, y siete ojos, los cuales son los siete espíritus de Dios enviados por toda la tierra.*
>
> Apocalipsis 5:5-6

Los Ancianos tienen el poder de desatar, desde el cielo, la autoridad del León de Judá, así como de dar a conocer una profunda revelación del sacrificio de Jesús en la cruz, la cual ejecuta los juicios del Cordero. Cuando los Ancianos revelan este aspecto del Mesías, la Iglesia (representada en Juan), puede ver al Cordero en el Trono juntamente con el Padre. Esto no significa imaginarse a Jesús entronado como todo el mundo lo hace, sino el verdadero conocimiento de su autoridad en lo profundo de nuestro ser.

> *Y miré, y vi que en medio del trono y de los cuatro seres vivientes, y en medio de los ancianos, estaba en pie un Cordero como inmolado...*
>
> *Apocalipsis 5:6a*

Juan está presenciando la transición del Gobierno de Dios del Antiguo al Nuevo Testamento. En el Primero El Padre se encuentra sentado en el Trono y en el segundo, Cristo ha ascendido al Trono y se ha sentado junto con el Padre, siendo los santos parte de su gobierno bajo la estructura de los Ancianos.

Note la diferencia entre el capítulo uno y el cinco del Apocalipsis, en el primero, que representa el antiguo gobierno, el Padre esta en el Trono y los siete Espíritus están delante de Él; en el nuevo (capítulo 5), el Padre y el Cordero se han fundido en Uno y los siete Espíritus están dentro de Jesús. Los Ancianos ven al Cordero más allá de la salvación, lo ven como Aquel que está sentado en el Trono y posee en Él los siete Espíritus.

La Iglesia de hoy, necesita que sean levantados los Ancianos que puedan ver a Jesús y a Su Trono, y puedan decir: ¡HE AQUÍ!, y abran, entonces, los ojos de los creyentes para mirar a Jesús en Su Gloria y autoridad.

Otra característica importante de los ancianos es su pasión por adorar:

Y cuando hubo tomado el libro, los cuatro seres vivientes y los veinticuatro ancianos se postraron delante del Cordero; todos tenían arpas, y copas de oro llenas de incienso, que son las oraciones de los santos...

Apocalipsis 5:8

Las arpas celestiales dadas a los Ancianos, son la revelación de la adoración profética. Ellos entienden los sonidos del cielo y el cántico nuevo, para poder traerlos a la tierra, los Ancianos traen la atmósfera de Dios a un lugar a través de la adoración. Este tipo de cántico nuevo está dirigido por el Espíritu Santo y no tiene nada que ver con nuestros hermosos cantos compuestos y ensayados, es, como ya mencioné, un cántico nuevo. Al ellos manifestar el ámbito celestial, las oraciones de los santos en la tierra, que han subido al Trono, son activadas.

Hay una íntima relación entre las arpas y las copas de incienso. No es la función del Anciano tomar el lugar del pueblo para orar por sus necesidades haciendo a la gente dependiente de ellos, floja para orar e ignorante. Al contrario, ellos instruyen al pueblo como orar eficazmente y, luego, activan estas oraciones y les dan poder a través de su adoración y su posición frente al Trono.

No quiero decir con esto que ellos no interceden por el pueblo, por supuesto que lo hacen, todo el que conoce el corazón de Dios intercede por Sus amados. Vemos esta misma activación de poder sobre las oraciones en el capítulo 8 de Apocalipsis.

Otro ángel vino entonces y se paró ante el altar, con un incensario de oro; y se le dio mucho incienso para añadirlo a las oraciones de todos los santos, sobre el altar de oro que estaba delante del trono. Y de la mano del ángel subió a la presencia de Dios el humo del incienso con las oraciones de los santos. Y el ángel tomó el incensario, y lo llenó del fuego del altar, y lo arrojó a la tierra; y hubo truenos, y voces, y relámpagos, y un terremoto.

Apocalipsis 8:3-5

A los Ancianos también les es dado el traer la revelación de la realidad celestial entre los creyentes. Ellos ejercen una habilidad apostólica que hace del cielo algo real, palpable y visible, y establecen las promesas de Dios en la tierra.

Entonces uno de los ancianos habló, diciéndome: Estos que están vestidos de ropas blancas, ¿quiénes son, y de dónde han venido? Yo le dije: Señor, tú lo sabes. Y él me dijo: Éstos son los que han salido de la gran tribulación, y han lavado sus ropas, y las han emblanquecido en la sangre del Cordero. Por esto están delante del trono de Dios, y le sirven día y noche en su templo; y el que está sentado sobre el trono extenderá su tabernáculo sobre ellos. Ya no tendrán hambre ni sed, y el sol no caerá más sobre ellos, ni calor alguno; porque el Cordero que está en medio del trono los pastoreará, y los guiará a fuentes de aguas de vida; y Dios enjugará toda lágrima de los ojos de ellos.

Apocalipsis 7:13-17

Como dije anteriormente, los santos a los que se refiere este capítulo no están muertos, sino vivos y en la Tierra. Por eso, vemos que el Cordero los protege y los conduce a las fuentes de aguas.

En el cielo ya no se necesita ser pastoreado ni se está en el desierto requiriendo las fuentes de aguas. Los Ancianos le revelan a la Iglesia (representada por Juan) la posición y el poder de aquellos que han vencido en sus tribulaciones. Debido a que los Ancianos viven adorando frente al Trono, es que pueden traer palabras del cielo para animar a los creyentes. Ellos no alimentan al pueblo, sino que se aseguran que el Cordero mismo les dé de comer y satisfaga su sed. Ellos conducen al pueblo a servir alrededor del Trono y no alrededor del hombre.

2.-LA IGLESIA RECIBE LA FACULTAD DE JUZGAR.

Los Ancianos, los ángeles y arcángeles, se presentan frente al Trono para llevar a cabo las sentencias del Altísimo y entregarlas a los Santos para que las decreten y se lleven a cabo.

> *La sentencia es por decreto de los vigilantes (ángeles),* ***y por dicho de los santos la resolución,*** *para que conozcan los vivientes que el Altísimo gobierna el reino de los hombres, y que a quien él quiere lo da, y constituye sobre él al más bajo de los hombres.*
>
> *Daniel 4:17*

> *hasta que vino el Anciano de días,* ***y se dio el juicio a los santos del Altísimo;*** *y llegó el tiempo, y los santos recibieron el reino.*
>
> *Daniel 7:22*

Antes de un juicio divino, Dios en su misericordia y fidelidad, sella a sus escogidos.

> *Diciendo: No hagáis daño a la tierra, ni al mar, ni a los árboles, hasta que **hayamos sellado en sus frentes a los siervos de nuestro Dios.***
>
> Apocalipsis 7:3

¿Quiénes son estos escogidos que son sellados? Son los que están con Él, los que van dondequiera que Él va.

> *Pelearán contra el Cordero, y el Cordero los vencerá, porque él es Señor de señores y Rey de reyes; y los que están con él son llamados y elegidos y fieles.*
>
> Apocalipsis 17:14

El número de estos fieles es simbólico, y es ciento cuarenta y cuatro mil.

> *Y cantaban un cántico nuevo delante del trono, y delante de los cuatro seres vivientes, y de los ancianos; y nadie podía aprender el cántico sino aquellos ciento cuarenta y cuatro mil que fueron redimidos de entre los de la tierra. Éstos son los que no se contaminaron con mujeres, pues son vírgenes. Éstos son los que siguen al Cordero por dondequiera que va. Éstos fueron redimidos de entre los hombres como primicias para Dios y para el Cordero; y en sus bocas no fue hallada mentira, pues son sin mancha delante del trono de Dios.*   Apocalipsis 14:3-5

Ciento cuarenta y cuatro mil, es una cifra profética que simboliza a todos los santos de todas las épocas. 12 representa el reino. 12 X 12 = 144, el Reino manifestado o el supremo gobierno de Dios. Mil simboliza lo incontable o un número incierto, como el de las estrellas del cielo o la arena del mar. Algunos ejemplos del número mil en Biblia son:

Y cantaban las mujeres que danzaban, y decían: Saúl hirió a sus miles, Y David a sus diez miles.

1 Samuel 18:7

Mil también simboliza lo perfecto 10 X 10 X 10 esto es, lo que pertenece al cielo.

Y entonces miré y oí la voz de muchos ángeles a cada lado del Trono y de los seres vivientes y de los ancianos y su número era diez mil veces diez mil y miles de miles.

Apocalipsis 5:11 (Biblia Amplificada)

16. LA SUPREMA CORTE DEL CIELO

LOS JUICIOS DE DIOS.

Jehová reina; regocíjese la tierra, Alégrense las muchas costas. Nubes y oscuridad alrededor de él; Justicia y juicio son el cimiento de su trono. Fuego

> irá delante de él, Y abrasará a sus enemigos alrededor. Sus relámpagos alumbraron el mundo; La tierra vio y se estremeció. Los montes se derritieron como cera delante de Jehová, Delante del Señor de toda la tierra. Los cielos anunciaron su justicia, Y todos los pueblos vieron su gloria.
>
> Salmo 97:1-6

Junto con el capítulo anterior, este es nuestro último tema básico de interpretación y clave para conocer a Dios como Supremo Juez del universo. Aunque la tierra ha estado bajo la potestad de las tinieblas, el único y soberano Dios ha sido siempre Jehová. El diablo no es una autoridad, ni tampoco entiende lo que es gobernar.

Estos son atributos que sólo Dios posee, y aquellos a quienes Él se los quiera dar. Él ha reinado a través de los siglos, ejecutando justicia y juicio sobre todas las naciones. Él es tardo para la ira y pronto para misericordia, pero en el día en que Él actúa, sus juicios se manifiestan.

1.- EL DÍA DEL SEÑOR.

Los tiempos de Dios son diferentes a los nuestros.

Mas, oh amados, no ignoréis esto: que para con el Señor un día es como mil años, y mil años como un día.

2 Pedro 3:8

La expresión "el día de Jehová" o "el día de la venganza del Dios nuestro", se ha interpretado -por lo general- como un día que representa el fin de todas las cosas.

Por un lado, los teólogos futuristas lo han llamado "La Gran Tribulación", en el cual los sellos, las trompetas y las copas del Apocalipsis son derramadas sobre una generación postrera, la cual es la que recibe toda la ira acumulada de Dios. Si Dios actuara así sería un Juez injusto. ¿Por qué una sola generación tiene que pagar por las atrocidades que el mundo ha cometido a través de los siglos? Por el otro lado, este día también se lo atribuyen al fin total de la tierra como la conocemos.

La realidad, es que este día no tiene nada que ver con un solo día, ni con uno o dos periodos, sino que simboliza cada tiempo en que Jehová ha soltado y soltará su ira. Permítame explicar esto detenidamente: Lo primero que tenemos que entender es que hay un juicio inminente que Jesús predice sobre el Israel del Antiguo Pacto y sobre la Jerusalén de Su tiempo.

Como vimos anteriormente, hay una clara división en las escrituras entre el antiguo mundo o era y el nuevo.

> *El Espíritu de Jehová el Señor está sobre mí, porque me ungió Jehová;.... a proclamar el año de la buena voluntad de Jehová, y el día de venganza del Dios nuestro...*
>
> *Isaías 61:1a y 2a*

En este pasaje, Isaías usa la palabra "año", para determinar un periodo de gracia y de predicación del evangelio EN ISRAEL. El ministerio de Jesús fue hasta el día de su ascensión únicamente para los Judíos. Es a Su pueblo a quien le advierte que vendría un día, en el que regresaría (espiritualmente) a juzgar a Israel destruyendo con esto el Templo y el antiguo sistema sacerdotal y de sacrificio.

Con la crucifixión de Jesús, la copa de maldad se llenó. Jerusalén había sido la ciudad que mataba a todos los profetas de Dios, incluyendo la vida del Mesías. A partir de ese momento, es señalado el tiempo de la "Ira de Dios" en el reloj celestial, y en Su gracia, el Padre concede un tiempo de Paciencia para que el evangelio sea predicado y una gran cantidad de la gente de esa generación pudiera salvarse. A ese período, Isaías le llama el año de buena voluntad de Jehová.

> *El Señor no retarda su promesa, según algunos la tienen por tardanza, **sino que es paciente** para con nosotros, no queriendo que ninguno perezca, sino que todos procedan al arrepentimiento.*
>
> *2 Pedro 3:9*

Pedro le habló estas cosas a Su generación.

Esa paciencia tiene por fuerza el alcanzar a la generación que estaba viva en aquel tiempo. Ya que en una generación es posible aumentar el número de creyentes y que menos gente se pierda. Esto no es verdad en la suma total de generaciones. Si extendemos este periodo de paciencia a un sin número de generaciones por siglos y siglos, el margen de perdición se va incrementando, ya que nacen más personas en el mundo de las que se salvan en cada generación.

Pensemos en esta pequeña fórmula matemática. Cada 40 años, símbolo de una generación, millones de personas se van al infierno. Hay naciones en que, hoy por hoy, tienen menos del 1% de Cristianismo. Pese al impactante crecimiento del evangelio en las últimas décadas, no somos ni el 5% de la población mundial. Si la paciencia de Jesús se refiriera a esperar a través de los siglos que cada vez menos personas se pierdan, hoy, la población Cristiana sería quizás el 90% de la humanidad y, entonces, quedaría poco tiempo. Por el contrario, la tierra ha vivido prácticamente en la oscuridad desde el siglo tercero hasta ahora.

Si el día del Señor anunciado por los profetas y por los apóstoles estuviera pronto a suceder en nuestros días, Dios perdería la batalla, ya que el diablo se llevaría a la mayoría de la humanidad al infierno.

En base a esto, podemos decir que Jesús estaba hablando acerca del juicio que vendría sobre Su generación. Él los amó, de tal manera, que envió al Espíritu Santo para que todos tuvieran la oportunidad de salvación.

En los capítulos 2 de Joel, el Señor habla de la impresionante manifestación de su gracia, enviando al Espíritu Santo antes del Juicio en los años 66 al 70 D.C.

> *Y después de esto derramaré mi Espíritu sobre toda carne, y profetizarán vuestros hijos y vuestras hijas; vuestros ancianos soñarán sueños, y vuestros jóvenes verán visiones.*
>
> *Y también sobre los siervos y sobre las siervas derramaré mi Espíritu en aquellos días.*
>
> *Y daré prodigios en el cielo y en la tierra, sangre, y fuego, y columnas de humo.*
>
> *El sol se convertirá en tinieblas, y la luna en sangre, antes que venga el día grande y espantoso de Jehová.*
>
> Joel 2:28-31

El fin está ligado a un tiempo que vendría tras el derramamiento del Espíritu Santo; no, 2000 años después. Otros pasajes muestran también este derramamiento de la gracia del Mesías, describiéndola como manantiales y aguas de vida en medio del sequedal.

> *Y sobre todo monte alto, y sobre todo collado elevado, habrá ríos y corrientes de aguas el día de la gran matanza, cuando caerán las torres.*
>
> Isaías 30:25

La caída de las torres está descrita en "Las guerras de los Judíos" en los tiempos del sitio de Jerusalén y su destrucción en el año 70 DC.

Los creyentes lograron escapar a los montes como Jesús les orientó, salvando así sus vidas del asedio.

Aunque el Espíritu Santo y la gracia de Jesucristo se manifestaron en gran manera antes de ese juicio, siguen operando, obviamente, hasta el día de hoy.

2.- EL LENGUAJE DE DIOS EN CUANTO A SUS JUICIOS.

Las expresiones y la forma de hablar de Dios difieren muchas veces de las nuestras. Por ejemplo cuando Dios usa expresiones tales como: "Los cielos serán enrollados, las estrellas caerán de su lugar, el sol y la luna no darán más su resplandor o la tierra será asolada para siempre, y nunca hijo de hombre la habitará"; nosotros pensamos en el fin del mundo, pero Dios se refiere tan solo a un gran juicio.

Esto lo vemos claramente cuando los profetas Isaías, Jeremías, Ezequiel, Amos y Abdías profetizan la destrucción total de Edom. Si lo interpretamos literalmente, parece que Jehová la eliminara del mapa. Sin embargo, hoy, esa tierra que corresponde a Jordania es una bella tierra con iglesias de Dios en ella (Jeremías.49:33, Apocalipsis 6:13-14, Isaías 34:2-4 y 8-10).

Vemos las mismas expresiones de destrucción total en el día de la ira de Jehová, cuando Isaías predice el juicio sobre la antigua Babilonia. Esta profecía se cumplió cuando los medos y los persas la conquistaron.

> *He aquí el día de Jehová viene, terrible, y de indignación y ardor de ira, para convertir la tierra en soledad, y raer de ella a sus pecadores. Por lo cual las estrellas de los cielos y sus luceros no darán su luz; y el sol se oscurecerá al nacer, y la luna no dará su resplandor.*
>
> *Y castigaré al mundo por su maldad, y a los impíos por su iniquidad; y haré que cese la arrogancia de los soberbios, y abatiré la altivez de los fuertes. Haré más precioso que el oro fino al varón, y más que el oro de Ofir al hombre.*

> *Porque haré estremecer los cielos, y la tierra se moverá de su lugar,* en la indignación de Jehová de los ejércitos, y en el día del ardor de su ira. He aquí que yo despierto contra ellos a los medos, que no se ocuparán de la plata, ni codiciarán oro.
>
> Isaías 13: 9-13 y 17

La tierra no fue destruida ni se movió de su lugar, mas Babilonia fue conquistada por los Medos y los Persas, el segundo cielo fue estremecido y el Sistema Babilónico de aquel tiempo fue desplazado. Malaquías también profetizó, al igual que Isaías, acerca de la venida del Señor en juicio para afinar a Su pueblo y no para destruirlo.

¿Y quién podrá soportar el tiempo de su venida? ¿O quién podrá estar en pie cuando él se manifieste? Porque él es como fuego purificador, y como jabón de lavadores.

> *Y se sentará para afinar y limpiar la plata; porque limpiará a los hijos de Leví, los afinará como a oro y como a plata, y traerán a Jehová ofrenda en justicia.*
>
> Malaquías 3:2-3

Esta es una profecía que anuncia al Señor viniendo para pulir a Israel, antes del Juicio.

Dios, en su grandeza y su justicia, no derramará todo el ardor de su ira sobre una sola generación de gente que tal vez nunca ha escuchado la Palabra de Dios. Eso sería injusto. La generación de nuestro tiempo está llena de abominaciones y está atrayendo, sin lugar a dudas, los juicios de Dios. Sin embargo, cada generación y cada nación los ha sentido también.

La profecía Bíblica del fin está dirigida al fin de la era antiguo testamentaria. Fue dirigida al pueblo Judío del tiempo de Jesús y de la Iglesia primitiva, a la generación que crucificó al hijo de Dios literalmente. Y todo lo que Jesús profetizó que le sucedería a ESA GENERACIÓN, le sucedió.

Si no leemos la historia del judaísmo del primer siglo, es imposible interpretar correctamente lo que Jesús le profetizó a Su pueblo.

3.- LOS JUICIOS DEL APOCALIPSIS.

Si entendemos que Dios es justo para cada era y para cada pueblo, nos vamos a dar cuenta de que el Apocalipsis es la revelación de Jesucristo como Juez gobernante. Gobernar es juzgar y establecer justicia. Los juicios y plagas de este libro están centrados en contra de un gobierno espiritual llamado Babilonia. Esta es la principal estructura del imperio del mal como lo vimos anteriormente. En sentido espiritual, Babilonia se estableció sobre la Jerusalén del tiempo de Jesús. Todo el sistema religioso se había corrompido y llegaba a su fin. El pecado la hacía semejante a Egipto y su fornicación espiritual se igualaba a Sodoma.

> *Y sus cadáveres estarán en la plaza de la grande ciudad que en sentido espiritual se llama Sodoma y Egipto, donde también nuestro Señor fue crucificado.*
>
> *Apocalipsis 11:8*
>
> *Y la mujer que has visto es la gran ciudad que reina sobre los reyes de la tierra.*
>
> *Apocalipsis 17:18*

Jesús se apareció a Juan para manifestarle, primeramente, el juicio que vendría sobre Jerusalén y sobre el imperio espiritual de Babilonia, que la había corrompido.

Desde la cautividad Babilónica en el años 500 antes de Cristo, Israel creó el libro de las tradiciones judías llamado el "Talmud Babilónico." Y este fue puesto por encima de la ley de Moisés.

Por eso Jesús les decía a los Fariseos que sus tradiciones invalidaban el mandamiento de Dios.

> *Les decía también: Bien invalidáis el mandamiento de Dios para guardar vuestra tradición.*
>
> *Marcos 7:9*

Todos estos pasajes en los que vemos los sellos, los ayes, las trompetas y las copas, tienen que ver primeramente con el juicio del antiguo sistema y la caída de la antigua Jerusalén y, en segundo lugar, con la revelación de los juicios de Dios a través de todas las épocas. Él se presenta a Juan como El que Es, El que era y El que ha de venir, literalmente "el que hace su aparición" (Esta es la palabra "erchomai" en griego, la cual está conjugada en tiempo aoristo, el cual es sin relación a ningún tiempo).

Una secuencia de emperadores Romanos sometieron a Israel a una tribulación sin precedentes, desde Nerón hasta Vespasiano. En el año 70, Jerusalén fue sitiada y destruida, y los que alcanzaron a huir a los montes, salvaron sus vidas (En el Instrumento 2 escribo sobre el relato histórico).

4.- LOS JUICIOS A TRAVÉS DE LA HISTORIA.

Y miré, y he aquí un caballo blanco; y el que lo montaba tenía un arco; y le fue dada una corona, y salió venciendo, y para vencer. Y salió otro caballo, bermejo; y al que lo montaba le fue dado poder de quitar de la tierra la paz, y que se matasen unos a otros; y se le dio una gran espada. Cuando abrió el tercer sello, oí al tercer ser viviente, que decía: Ven y mira.

> *Y miré, y he aquí un caballo negro; y el que lo montaba tenía una balanza en la mano. Miré, y he aquí un caballo amarillo, y el que lo montaba tenía por nombre Muerte, y el Hades le seguía; y le fue dada potestad sobre la cuarta parte de la tierra, para matar con espada, con hambre, con mortandad, y con las fieras de la tierra.*
>
> *Apocalipsis 6:2, 4, 5, 8*

Estos juicios que se cumplieron literalmente entre los años 66 y 70 DC también simbolizan los juicios de Dios que se han desatado a través de todas las eras. Creo que el caballo blanco representa a aquellos creyentes que han recibido la facultad de juzgar, los vencedores que salen a establecer los juicios de Dios en la tierra. El caballo bermejo, símbolo de la muerte y de la guerra, ha sido desatado muchas veces en la historia, lo mismo el negro, que representa la escases y el hambre, mientras que el amarillo, desata enfermedad y plagas.

Terremotos, tsunamis, huracanes, tornados, fuegos implacables, granizos, crisis financieras, todos son formas en que Dios juzga a las naciones. Unas veces para traer convicción de pecado y arrepentimiento, y otras, para castigar con severidad por causa de la iniquidad y la arrogancia de los hombres.

El es Jehová nuestro Dios; en toda la tierra están sus Juicios

Salmo 105:7

Otros juicios, han sido terribles plagas y epidemias que han azotado la humanidad. Durante la peste en la Edad Media, la gente gritaba queriendo morir debido al dolor y el quebranto provocado por esa enfermedad. La tercera parte de la población mundial murió en 1918, durante la Influenza Española. El Sida, es un claro juicio de Dios contra las aberraciones sexuales. La cantidad de muertes, malformaciones congénitas y destrucción de órganos, ocasionados por las vacunas y los efectos secundarios de la ciencia farmacéutica, son otras formas de juicio.

Personalmente, tuve una visión sobre Apocalipsis 9, en que vi millones de demonios salir del abismo con jeringas (aguijones) en las manos e infringían sustancias a la gente que les dañaban los órganos provocando gran dolor. Espiritualmente, tenían coronas de oro, que es la exaltación de la mente científica, y sus caras eran como de hombre. Parecían humanitarios, pero eran asesinos. Hacían mucho ruido con sus propagandas mentirosas en TV y en todos los medios, haciendo adictos a la gente a medicamentos que nunca necesitaron y que no los podían sanar. Tenían corazas, estaban protegidos por los gobiernos y las compañías de seguros. Su fin no es sanar sino destruir, porque su líder es Apolión "el destructor". En esa misma visión vi también a Dios juzgando a los que ponían su confianza en la ciencia y no en Él. (ver NOTA al final del capítulo[29])

Otra forma de juicio es a través de gobiernos injustos y severos. Dios ha permitido que reinen reyes tiranos y dictadores para someter los pueblos. En el Antiguo Pacto, Dios entregó a Israel para ser esclavizada por Egipto, Babilonia y luego perseguida por Asiria. Él también permitió jueces injustos y reyes malvados que los gobernaran para enseñarles arrepentimiento y fidelidad a Él.

En la "Era Cristiana" hemos visto estos mismos tiranos llenos de maldad tales como Hitler, Mussolini, Stalin, Saddam Hussein, Fidel Castro y otros tantos. Gente con una sed implacable para dominar el mundo, regidos por el mismo satanás para matar, destruir y gobernar bajo terrible opresión. Los sellos, las trompetas y las copas del Apocalipsis son formas diversas en que Dios juzga la tierra, no como un juicio que sólo se da una vez en la historia, sino a través de todas las épocas.

5.- LOS ÁNGELES INTERACTÚAN CON LOS SANTOS PARA TRAER LOS JUICIOS DE DIOS.

Vemos a lo largo del Apocalipsis que hay una relación entre los ángeles y Juan, ellos le revelan cosas, lo trasladan de un lugar a otro en las dimensiones celestiales y en las regiones donde moran y actúan los grandes poderes de las tinieblas. En Apocalipsis, capítulo 10, versos 10 y 11, vemos un ángel quien le da a Juan, un librito para que lo coma, y luego de haberlo hecho, le da el mandato de profetizar a toda lengua y nación.

> *Entonces tomé el librito de la mano del ángel, y lo comí; y era dulce en mi boca como la miel, pero cuando lo hube comido, amargó mi vientre. Y él me dijo: **Es necesario que profetices otra vez** sobre muchos pueblos, naciones, lenguas y reyes.*

Históricamente esto nunca sucedió; no hay evidencia de que Juan haya viajado por todos lados llevando un mensaje. Pero esto nos habla de Juan como un símbolo de la Iglesia recibiendo la palabra profética y llevándola a todas las naciones. O bien el mismo espíritu de Juan que al igual que el de Elías, se manifiesta trayéndonos los misterios de Dios.

El Espíritu de la profecía es determinante para entender las dimensiones espirituales. Es en esta esfera invisible que la Iglesia está siendo entrenada para gobernar y entender cómo y cuándo desatar un juicio proveniente del Trono de Dios. Aclaro, los juicios no son desatados por cualquier persona inmadura perteneciente al cuerpo de Cristo, sino por los Ancianos, Apóstoles y Profetas que forman el sistema de justicia en el reino de Dios.

6.- LOS JUICIOS DESATAN BATALLAS EN EL CIELO.

Toda batalla espiritual que peleamos en la tierra en el fondo es un juicio, en estas vemos cómo el ejército de ángeles pelea al lado de la Iglesia. Miguel mismo muchas veces es quien está al frente de una batalla importante. Ellos pelean en las esferas invisibles pero Dios nos da a nosotros el título de vencedores en la batalla.

> *Después hubo una gran batalla en el cielo: Miguel y sus ángeles luchaban contra el dragón; y luchaban el dragón y sus ángeles... Y ellos (los hijos de Dios) le han vencido por medio de la sangre del Cordero y de la palabra del testimonio de ellos, y menospreciaron sus vidas hasta la muerte.*
>
> *Apocalipsis 12:7 y 11*

Yo mandé a mis consagrados, asimismo llamé a mis valientes para mi ira, a los que se alegran con mi gloria. Vienen de lejana tierra, de lo postrero de los cielos, Jehová y los instrumentos de su ira, para destruir toda la tierra.

Isaías 13:3 y 5

7.- DIVERSOS ÁNGELES DEL APOCALIPSIS.

Los ángeles son, ya sea siervos o consiervos nuestros y actúan con nosotros en muchas formas. Son siervos cuando están a nuestro servicio y consiervos cuando tienen una tarea paralela que tienen que cumplir al lado nuestro. El ángel que hablaba con Juan era consiervo.

En nuestras misiones en la tierra tenemos consiervos que cumplen con una gran parte de la labor espiritual de nuestro ministerio. Ellos hacen la parte celestial y nosotros la natural.

Cuando alguien ha recibido de Dios la facultad para legislar desde los cielos y para pelear al lado del Cordero, una gran cantidad de ángeles estarán a su disposición. En el Apocalipsis vemos diversos tipos de mensajeros angelicales que al conocerlos nos ayuda a orar y desatarlos conforme el Espíritu nos dirija. El conocer a los ángeles es un arma de doble filo. Ha habido gente inmadura que al recibir visitaciones angélicas terminan adorándolos o dependiendo más de ellos que de Dios, y esto ha traído destrucción repentina sobre ellos.

He aprendido a recibir sus mensajes y a pelear con ellos pero siempre mi enfoque y mi adoración son para Dios.

Algunos preguntarán: ¿Para que necesitamos ángeles si tenemos al Espíritu Santo que opera en nosotros? Los ángeles son como los reguladores del voltaje de la gloria de Dios. Hay mensajes que si los recibiéramos directamente del ámbito de la Gloria, nos desintegrarían. Juan es ciertamente alguien lleno de Espíritu Santo y sin embargo recibe el mensaje del Apocalipsis por medio del ángel de Jesucristo.

-Ángeles de juicio.

Ellos desatan y han desatado a través de la historia, los sellos, las copas, las trompetas, los terremotos, las plagas y demás formas de juicio.

-Ángeles de los 4 vientos.

Estos están encargados de todo lo que tiene que ver con vientos, tanto los pueden detener cómo soltar. En este pasaje los vemos deteniendo los vientos, pero ésta no es su única actividad en la eternidad.

> *Después de esto vi a cuatro ángeles en pie sobre los cuatro ángulos de la tierra, que detenían los cuatro vientos de la tierra, para que no soplase viento alguno sobre la tierra, ni sobre el mar, ni sobre ningún árbol.*
>
> *Apocalipsis 7:1*

-El ángel del Evangelio eterno.

Este ángel ha estado activo desde todos los tiempos, lo vemos actuar en el Antiguo Testamento (Hebreos 4:2) y lo seguimos desatando en las naciones para que la Iglesia crezca y veamos avivamientos.

> *Vi volar por en medio del cielo a otro ángel, que tenía el evangelio eterno para predicarlo a los moradores de la tierra, a toda nación, tribu, lengua y pueblo...*
>
> *Apocalipsis 14:6*

> *Porque también a nosotros se nos ha anunciado la buena nueva como a ellos; pero no les aprovechó el oír la palabra, por no ir acompañada de fe en los que la oyeron.*
>
> *Hebreos 4:2*

- **El Ángel del Incienso.**

> *Otro ángel vino entonces y se paró ante el altar, con un incensario de oro; y se le dio mucho incienso para añadirlo a las oraciones de todos los santos, sobre el altar de oro que estaba delante del trono.*
>
> *Apocalipsis 8:3*

- **Ángeles de gloria.**

> *Después de esto vi a otro ángel descender del cielo con gran poder; y la tierra fue alumbrada con su gloria.*
>
> *Apocalipsis 18:1*

Ángeles que llevan a cabo actos proféticos desde el cielo. *Y un ángel poderoso tomó una piedra, como una gran piedra de molino, y la arrojó en el mar, diciendo: Con el mismo ímpetu será derribada Babilonia, la gran ciudad, y nunca más será hallada.*

> *Apocalipsis 18:21*

-Ángeles encarceladores, la policía de Dios.

> *Vi a un ángel que descendía del cielo, con la llave del abismo, y una gran cadena en la mano. Y prendió al dragón, la serpiente antigua, que es el diablo y Satanás, y lo ató por mil años...*
>
> Apocalipsis 20:1, 2

Estos ángeles son también los que nos ayudan a encadenar y a llevarse espíritus de brujos que atacan a través de sus cuerpos astrales. Encadenan y arrestan potestades destructoras cuando peleamos contra ellas.

-Ángeles ejecutores.

Estos son ángeles que ejecutan los juicios de Dios sobre ciudades y naciones, trayendo la justicia de Dios sobre la maldad. La tierra ha sido vendimiada muchas veces.

Salió otro ángel del templo que está en el cielo, teniendo también una hoz aguda.

> *Y salió del altar otro ángel, que tenía poder sobre el fuego, y llamó a gran voz al que tenía la hoz aguda, diciendo: Mete tu hoz aguda, y vendimia los racimos de la tierra, porque sus uvas están maduras. Y el ángel arrojó su hoz en la tierra, y vendimió la viña de la tierra, y echó las uvas en el gran lagar de la ira de Dios. Y fue pisado el lagar fuera de la ciudad, y del lagar salió sangre hasta los frenos de los caballos, por mil seiscientos estadios.*
>
> Apocalipsis 14:17-20

- **Ángeles de las Iglesias.**

Estos son los ángeles de una ciudad. Cada ciudad tiene un ángel gobernante y estos ayudan y ministran la Iglesia de una ciudad. Este tipo de ángeles son muy útiles, ya que nos traen estrategias del cielo para la Iglesia y nos anuncian el pensamiento de Dios sobre lo que estamos edificando.

> *El misterio de las siete estrellas que has visto en mi diestra, y de los siete candeleros de oro: las siete estrellas son los ángeles de las siete iglesias, y los siete candeleros que has visto, son las siete iglesias.*
>
> Apocalipsis 1:20

Notas

[29] Recomiendo mi libro "Pharmakeia, El Asesino de la Salud", para que entienda este tema en profundidad. En el aprenderá cómo ser libre de los fármacos, en un balance centrado y sin condenación.

"Pharmakeia, El Asesino de la Salud", Dra. Ana Méndez Ferrell. Publicado por Ministerio Voz De La Luz.

Sección III:

LOS TEMAS SECUNDARIOS DEL APOCALIPSIS

17 LA GRAN TRIBULACIÓN

En la sección anterior, vimos cómo el pueblo de Israel estaba viviendo un tiempo de gran tribulación que culminaría en el gran juicio de Dios sobre Jerusalén. Como consecuencia, el templo sería destruido y la ciudad quemada. El Apóstol Juan escribe en el mensaje profético de Apocalipsis que Dios no ha abandonado a Su pueblo, sino que está por manifestar su justicia en forma extraordinaria. Él empieza el libro, dejándoles saber que él mismo es parte de la tribulación.

> *Yo Juan, vuestro hermano, y copartícipe vuestro en la tribulación, en el reino y en la paciencia de Jesucristo, estaba en la isla llamada Patmos, por causa de la palabra de Dios y el testimonio de Jesucristo.*
>
> *Apocalipsis 1:9*

Si bien la Iglesia primitiva vivió una tribulación sin precedentes, nosotros también tenemos que vencer nuestras propias tribulaciones para servir efectivamente a Dios. Este capítulo 7 nos habla de la manifestación del Reino de Dios en medio de nuestras tribulaciones personales y de las colectivas. Recordemos que, en estas páginas, estamos estudiando el Apocalipsis como el libro vivo del gobierno de Dios con Sus santos.

En el capítulo 7 de Apocalipsis, vemos una tribulación que, por su contexto, me lleva a concluir que se refiere a la Iglesia a través de todos los tiempos, incluyendo la que vivió la tribulación del primer siglo.

> *Entonces uno de los ancianos habló, diciéndome: Estos que están vestidos de ropas blancas, ¿quiénes son, y de dónde han venido?*
>
> *Yo le dije: Señor, tú lo sabes. Y él me dijo: Estos son los que han salido de (la gran)30 tribulación, y han lavado sus ropas, y las han emblanquecido en la sangre del Cordero.*
>
> **Por esto están delante del trono de Dios, y le sirven día y noche en su templo; y el que está sentado sobre el trono extenderá su tabernáculo sobre ellos.**
>
> *Ya no tendrán hambre ni sed, y el sol no caerá más sobre ellos, ni calor alguno,*
>
> **porque el Cordero que está en medio del trono los pastoreará, y los guiará a fuentes de aguas de vida;** *y Dios enjugará toda lágrima de los ojos de ellos.*
>
> Apocalipsis 7:13-17

Tradicionalmente, este pasaje ha sido interpretado como una futura gran tribulación, una especie de tercera guerra mundial; sin embargo, desde el verso 15 en adelante vemos un paralelo con Apocalipsis 21, que es la manifestación del Tabernáculo de Dios sobre la tierra y del reino de Dios establecido por el Mesías. Recordemos que, primero, estudiamos los temas básicos de interpretación, los cuales nos dan la luz para interpretar los secundarios o los que se derivan de estos.

El hecho de que el Cordero pastoreé a estos de ropas blancas y los lleve a fuentes de aguas, nos deja claro que no están en el cielo, sino en la tierra, donde precisan las aguas espirituales de Cristo. En el cielo, no hay sequedales y ya nadie necesita ser conducido a los manantiales de agua, -que son la vida de Jesús- ya que ya están eternamente sumergidos en Cristo. Estos puntos son los que nos dan la pauta de interpretación, ya que el Tabernáculo de Dios con los hombres es la Iglesia de Jesucristo en la tierra a través de los siglos. Éste no será establecido después de una futura guerra mundial, ya fue extendido en medio de Su pueblo. Nosotros somos el Templo de Dios y Su trono está en medio de Su Iglesia, por lo tanto, le servimos continuamente.

En mi parecer, en este pasaje, Juan está hablando de la Iglesia victoriosa, es decir, los que vencen las tribulaciones de la vida y las pautas marcadas por Jesús en las cartas a las siete iglesias de Asia. Ellos han lavado sus ropas en la sangre del Cordero y sirven a Dios en el entendimiento de Su trono y de Su Reino. Son verdaderos reyes y sacerdotes para Dios, que ministran desde ese Tabernáculo donde continuamente viene la presencia de Dios a su pueblo. El Espíritu de Dios se manifiesta cómo una nube de gloria en medio nuestro y Jesús es revelado de gloria en gloria. De esta manera, somos constantemente bautizados en el Espíritu Santo, el cual es la nube donde Él se manifiesta.

A través de los siglos, en medio de toda lengua y nación, ha existido una barrera invisible que cada creyente debe traspasar, que son las tribulaciones que nos atan a este mundo hasta que Cristo sea formado en nosotros, y entonces empezamos a gobernar con Él. Los que se dejan dirigir por el Espíritu, son los que están delante del trono, alineados a lo que el Señor quiere decir y hacer.

confirmando los ánimos de los discípulos, exhortándoles a que permaneciesen en la fe, y diciéndoles: Es necesario que a través de muchas tribulaciones entremos en el reino de Dios.

Hechos 14:22

Si sufrimos, también reinaremos con él...

2 Timoteo 2:12a

Cuando sufro tribulaciones, entiendo que es un proceso para que el reino de Dios se manifieste y, así, algo poderoso suceda en mi interior. Dentro de mí, el reino, el trono de Dios, empieza a forzar su respuesta, empieza a emerger trayendo la victoria sobre la tribulación y estableciéndome en una posición de gobierno en esa área de mi vida. De esta forma, soy llevada a verdaderos manantiales de la vida de Cristo en mí, cuando veo la victoria sobre mis tribulaciones, y cuando Su tabernáculo crece dentro de mí.

Cuando sufro, entonces aprendo a reinar.

Hijitos míos, por quienes vuelvo a sufrir dolores de parto, hasta que Cristo sea formado en vosotros.

Gálatas 4:19

Cuando hablamos de los juicios de Dios, vimos que Él ha enviado muchas tribulaciones de gran devastación a la humanidad, aplicables a las profecías de Jesús.

Notas

[30] Varios manuscritos omiten la palabra "gran". Dejando sólo la frase: los que han salido de tribulación.

18 LA BESITA

Al entrar al tema de "la bestia" del Apocalipsis, nos encontramos varios puntos de vista. Como profeta de Dios, esto es lo que a mí me ha sido revelado y estoy segura que otras revelaciones podrán amalgamarse a ésta para llegar a un entendimiento pleno.

En sentido literal, "la bestia" del Apocalipsis 13, fue el Imperio Romano. Esto lo veo con claridad en la interpretación que Daniel hace del sueño de Nabucodonosor, en el que vio una enorme imagen compuesta de cuatro reinos, cuyos pies lo constituía Roma (Daniel 2:34-35). Esta imagen, es la composición completa del Sistema Babilónico o la Gran Ramera que fue derrotado a través de la muerte de Jesús en la cruz y del posterior juicio enviado sobre Roma.

> *Mas la piedra que hirió a la imagen fue hecha **un gran monte que llenó toda la tierra.** Y en los días de estos reyes el Dios del cielo levantará un reino que no será jamás destruido, ni será el reino dejado a otro pueblo; desmenuzará y consumirá a todos estos reinos, pero él permanecerá para siempre...*
>
> Daniel 2:35b y 44

Aquí vemos, claramente, como el reino del Mesías es el gran Monte de Sión que fue establecido sobre toda la tierra. Todos esos reinos fueron destruidos por "La Roca" que es Jesús. Literalmente, Roma fue quemada varias veces después de que fue decretado el juicio de Dios sobre ella. En la noche del 19 de julio del año 64 D.C., empezó en Roma un fuego que duró 9 días. Diez de los catorce distritos desaparecieron y, con ellos, el templo de Júpiter. La historia atribuye al Emperador Nerón esta catástrofe.

Pero esta no fue la única vez que Roma fue quemada. "La bestia, cuya herida mortal fue sanada" (Apocalipsis 13:12). Otro gran incendio sucede en el año 69 D.C., durante el imperio de Vitellius, y un tercer fuego la destruye en el año 80, bajo el gobierno del emperador Tito. Las bestias en la Biblia no son símbolos de individuos, sino de imperios controlados por las tinieblas.

De hecho, el Apocalipsis no menciona a un "anticristo", sino a una bestia. Juan es el único apóstol que menciona esta palabra y lo hace con relación a un espíritu que se mueve en medio de la gente. Ahora bien, cada generación tiene que vencer "el espíritu del anticristo".

> *Hijitos, ya es el último tiempo; y según vosotros oísteis que el anticristo viene, así ahora han surgido muchos anticristos; por esto conocemos que es el último tiempo.*
>
> *1 Juan 2:18*
>
> *¿Quién es el mentiroso, sino el que niega que Jesús es el Cristo, (el Mesías)? Este es anticristo, el que niega al Padre y al Hijo.*
>
> *1 Juan 2:22*

Porque muchos engañadores han salido por el mundo, que no confiesan que Jesucristo ha venido en carne. Quien esto hace es el engañador y el anticristo.

2 Juan 1:7

La Israel apóstata del tiempo de Jesús, llevaba en ella el espíritu del anticristo. Lo que Juan está diciendo es que todo aquel que niega que Jesús es el Mesías es el anticristo.

Luego, la Bestia es un imperio y el anticristo un espíritu que ya estaba entre ellos y sigue manifestándose hasta hoy. Son dos cosas diferentes.

Dicho esto, el anticristo, es el espíritu demoníaco detrás de todo Sistema Babilónico. Es el espíritu del humanismo que da origen a la ideología del "Superhombre" que se levanta como Dios; en otras palabras, es el hombre caído regido por el árbol del bien y del mal. Es el espíritu que niega a Jesús como Mesías y como Dios hecho hombre. Es la simiente homicida de Caín que crece, de generación en generación, promoviendo la impiedad sobre la tierra y oponiéndose al verdadero Dios.

> *Amados, no creáis a todo espíritu, sino probad los espíritus si son de Dios; porque muchos falsos profetas han salido por el mundo. En esto conoced el Espíritu de Dios: Todo espíritu que confiesa que Jesucristo (el Mesías) ha venido en carne, es de Dios; y todo espíritu que no confiesa que Jesucristo ha venido en carne, no es de Dios;* **y este es el espíritu del anticristo,** *el cual vosotros habéis oído que viene,* **y que ahora ya está en el mundo.**

> *Hijitos, vosotros sois de Dios, y los habéis vencido; porque mayor es el que está en vosotros, que el que está en el mundo.* ***Ellos son del mundo; por eso hablan del mundo, y el mundo los oye.***
>
> 1 Juan 4:1-5
Traducción literal

Si ya estaba en el mundo en el tiempo de Juan, no es algo que tenemos que esperar en el futuro, eso es clarísimo.

1. LA MARCA DE LA BESTIA

En sentido literal, se refirió a la alianza que muchos Judíos hicieron con Roma, para salvar sus vidas en el tiempo del gran asedio en el año 70. El sitio de Jerusalén duró muchos meses y sólo los que se vendían a los Romanos los dejaban salir fuera de los muros. Nadie podía comprar ni vender, dentro de la ciudad porque ya no había nada y morían por millares. El hambre era tanta que aún llegaron al extremo del canibalismo y dos libras de trigo se vendían por un talento y seis de cebada por este mismo precio.

En sentido amplio, cuando la Biblia en todos los otros casos habla de una marca en los hombres, ésta siempre ha sido espiritual. Caín es marcado para protección cuando es maldito para ser errante en la tierra, esta marca fue espiritual. Cuando los ángeles sellan a los escogidos de Dios, no les ponen un tatuaje ni un microchip, sino un sello de luz que es visible en el mundo espiritual. Lo mismo sucede cuando hablamos de la marca de la bestia. Esta es visible como un sello de oscuridad que, tanto Dios, como los demonios pueden ver con claridad.

Ser marcado por la bestia es cuando la mente de la persona (en la frente) y sus acciones (mano derecha) son controladas por toda la corrupción del sistema de este mundo. Ser marcado por la bestia, significa estar completamente comprometido con ello, con una mente intransformable. Estos son los que aman más las tinieblas que la luz.

> *Porque habrá hombres amadores de sí mismos, avaros, vanagloriosos, soberbios, blasfemos, desobedientes a los padres, ingratos, impíos, sin afecto natural, implacables, calumniadores, intemperantes, crueles, aborrecedores de lo bueno, traidores, impetuosos, infatuados, amadores de los deleites más que de Dios...*
>
> 2 Timoteo 3:2-4
>
> *Y de la manera que Janes y Jambres resistieron a Moisés, así también éstos resisten a la verdad; hombres corruptos de entendimiento, réprobos en cuanto a la fe.*
>
> 2 Timoteo 3:8

La mano derecha, también nos habla de la autoridad y del poder que nos ha sido concedido a través de nuestra voluntad para tomar decisiones. Mi esposo, Emerson Ferrell, recibió una revelación en el tema de la "marca de la bestia", en su sentido amplio. Él ve a Caín siendo marcado por causa de su pecado de homicidio. Esta marca es la mentalidad de la serpiente ("la bestia") que el hombre recibió como resultado de la caída en el jardín del Edén. Esta marca no es la que Dios le dio a Caín para protegerlo, sino la que satanás implantó en su alma. Esta marca pasa, de generación en generación, como una semilla que lleva en sí misma la falta de arrepentimiento de Caín. Es, a través de la simiente de Caín, que surge el sistema de comercio mundial, controlado por el espíritu de Mamón (dios de las riquezas).

> *Y conoció Caín a su mujer, la cual concibió y dio a luz a Enoc; y edificó una ciudad, y llamó el nombre de la ciudad del nombre de su hijo, Enoc. Y a Enoc le nació Irad, e Irad engendró a Mehujael, y Mehujael engendró a Metusael, y Metusael engendró a Lamec. Y Lamec tomó para sí dos mujeres; el nombre de la una fue Ada, y el nombre de la otra, Zila. Y Ada dio a luz a Jabal, el cual fue padre de los que habitan en tiendas y crían ganados. Y el nombre de su hermano fue Jubal, el cual fue padre de todos los que tocan arpa y flauta. Y Zila también dio a luz a Tubal-caín, artífice de toda obra de bronce y de hierro; y la hermana de Tubal-caín fue Naama.*
>
> *Génesis 4:17-22*

Recordemos que la "Gran Ramera" es la ciudad que gobierna sobre todos los reyes de la tierra y que controla el sistema económico mundial. Cuando Juan está observando el juicio que venía sobre ella, ve la lamentación de los mercaderes al verla arder en fuego.

> *Y la mujer que has visto es la gran ciudad que reina sobre los reyes de la tierra. Los mercaderes de estas cosas, que se han enriquecido a costa de ella, se pararán lejos por el temor de su tormento, llorando y lamentando, Y voz de arpistas, de músicos, de flautistas y de trompeteros no se oirá más en ti; y ningún artífice de oficio alguno se hallará más en ti, ni ruido de molino se oirá más en ti..*
>
> *Apocalipsis 17:18, 18:15, 18:22*

Hay una forma de comercio que es recta y justa, basada en los principios de Dios. Esta es una bendición para mucha gente y difiere de la forma en que las tinieblas operan por medio de Babilonia, controlando y abusando a la gente por codicia y ganancias deshonestas. Estar marcados por la bestia, es llevar la marca del mal, la marca de

Caín. Estos son el tipo de gente de la que habla el Apóstol Judas en su epístola.

Porque algunos hombres han entrado encubiertamente, los que desde antes habían sido destinados para esta condenación, hombres impíos, que convierten en libertinaje la gracia de nuestro Dios, y niegan a Dios el único soberano, y a nuestro Señor Jesucristo.

Judas 1:4

¡Ay de ellos! porque han seguido el camino de Caín, y se lanzaron por lucro en el error de Balaam, y perecieron en la contradicción de Coré. Éstos son manchas en vuestros ágapes, que comiendo impúdicamente con vosotros se apacientan a sí mismos; nubes sin agua, llevadas de acá para allá por los vientos; árboles otoñales, sin fruto, dos veces muertos y desarraigados; fieras ondas del mar, que espuman su propia vergüenza; estrellas errantes, para las cuales está reservada eternamente la oscuridad de las tinieblas. De éstos también profetizó Enoc, séptimo desde Adán, diciendo: He aquí, vino el Señor con sus santas decenas de millares, para hacer juicio contra todos, y dejar convictos a todos los impíos de todas sus obras impías que han hecho impíamente, y de todas las cosas duras que los pecadores impíos han hablado contra él.

Éstos son murmuradores, querellosos, que andan según sus propios deseos, cuya boca habla cosas infladas, adulando a las personas para sacar provecho.

Judas 1: 11-16

Seis es la cifra que representa al hombre. El número de la bestia, 666, simboliza al hombre que se exalta a sí mismo como dios. El superhombre, quien es dios en sí mismo, y adora a satanás en sus diversos disfraces, tales como el dinero, la lujuria y todo tipo de perversión.

19 LOS TIEMPOS EN EL APOCALIPSIS

1.- LOS TIEMPOS EN EL APOCALIPSIS

Desde el principio de nuestro estudio, vimos que las dimensiones de Dios no están limitadas por el tiempo conforme a la tierra. El cielo no se maneja con el reloj de los hombres, ya que Dios, es eterno y no hay tiempo en Él. Dios en las tres personas de la Trinidad, es el que era, el que es y el que viene eternamente (erchomai). Él es, el Gran "Yo Soy", el eterno presente que se manifiesta dentro de la temporalidad del hombre. Por esta razón, un libro celestial como el Apocalipsis, no se puede interpretar con los tiempos de la tierra.

En el capítulo 10, cuando Juan va a comer el librito de la profecía, vemos que el ángel le dice que el tiempo dejo de ser.

> *y juró por el que vive por los siglos de los siglos, que creó el cielo y las cosas que están en él, y la tierra y las cosas que están en ella, y el mar y las cosas que están en él, que el **tiempo no sería más,** sino que en los días de la voz del séptimo ángel, cuando él comience a tocar la trompeta, **el misterio de Dios se consumará, como él lo anunció a sus siervos los profetas.***
>
> *Apocalipsis 10: 6, 7*

El misterio de Dios se consuma cuando Jesús toma el Trono sentándose a la diestra de la majestad en las alturas. A partir de ahí, Su reino no tiene fin. La Iglesia verdadera entra en el Reino y en las dimensiones atemporales de Dios, desde donde Él gobierna. El librito que el ángel le da, es el manual de gobierno en las dimensiones proféticas del Reino. Si entendemos esta naturaleza atemporal del cielo, nos será fácil interpretar algunos pasajes bíblicos que aluden a los "mil años".

1a) Los mil años del Apocalipsis.

Vi a un ángel que descendía del cielo, con la llave del abismo, y una gran cadena en la mano.

> *Y prendió al dragón, la serpiente antigua, que es el diablo y Satanás, y lo ató por mil años; y lo arrojó al abismo, y lo encerró, y puso su sello sobre él, para que no engañase más a las naciones, hasta que fuesen cumplidos mil años; y después de esto debe ser desatado por un poco de tiempo.*
>
> *Apocalipsis 20:1-3*

Es importante entender la expresión "mil años" desde su etimología hebrea **"Atid Lavo"**. Literalmente, quiere decir "La era venidera", y es también usado como un término que significa la "Era Mesiánica".[31]

En otras palabras, al entrar en las dimensiones proféticas que son el reinado del Mesías, entramos en la atemporalidad eterna de su reino. Mil, como vimos anteriormente, nos habla de lo perfecto 10 X 10 x 10, esto es el cielo, el Reino espiritual de Dios. Reinaremos con Él "mil años", quiere decir, que gobernamos desde el mundo espiritual.

El Reino de Cristo en la tierra es eterno, no se termina en un limitado periodo de mil años.

> *Lo dilatado de su imperio y la paz no tendrán límite, sobre el trono de David y sobre su reino, disponiéndolo y confirmándolo en juicio y en justicia desde ahora y para siempre. El celo de Jehová de los ejércitos hará esto.*
>
> *Isaías 9:7*

Esto lo vemos también en la expresión usada por Pedro.

> *Mas, oh amados, no ignoréis esto: que para con el Señor un día es como mil años, y mil años como un día.*
>
> *2 Pedro 3:8*

El hecho de que Pedro haga la comparación entre un día y mil años, claramente, nos da a entender que no se trata de un tiempo preciso. Entre los Hebreos, el día de YHWH se entiende como "el futuro por venir" o el principio de la "Era Mesiánica".[32] Jesús en medio de nosotros es la "Era Mesiánica".

Jesús dijo que el había venido a predicar "Año de la buena voluntad de Jehová" (Isaías 61:2) que como ya vimos implicaba un periodo de gracia, que precedía al "día de la venganza del Dios vivo".

Este año, no se refería a 365 días, de hecho duró 37 años. Tampoco el día de venganza se refería a un día de 24 horas, este juicio duró 3 años y medio de gran tribulación y otros 3 años medio después de la destrucción del templo.

Vemos el número mil en el Salmo 105:8

Se acordó para siempre de Su pacto, de la palabra que mandó para mil generaciones.

Este salmo no significa que la Palabra de Dios y Su pacto sólo son vigentes a mil generaciones, el mil es usado para simbolizar lo eterno.

1b) Satanás Atado y Desatado.

Cuando los mil años se cumplan, Satanás será suelto de su prisión, saldrá a engañar a las naciones que están en los cuatro ángulos de la tierra, a Gog y a Magog, a fin de reunirlos para la batalla; el número de los cuales es como la arena del mar.

Apocalipsis 20:7-8

Este pasaje se entiende muy claramente cuando aprendemos a vivir en las dimensiones del reino de Dios, es decir, cuando genuinamente dejamos de ser de este mundo para depender de un Reino cuyas leyes y física son muy diferentes a las terrenales. El diablo ha sido atado para nosotros, ya que jamás podrá penetrar el reino de Dios para hacernos daño.

Luego, vivir en esta realidad espiritual es una victoria continua. El enemigo ha sido lanzado fuera del acceso al cielo que una vez tuvo, y mora entre las naciones de la tierra, engañándolas. Es fuera del Reino de Dios donde él está desatado y donde está la batalla. Millones de personas -cristianos incluidos- están viviendo los embates del diablo por no haber entrado a las dimensiones del Espíritu de Dios.

Aunque vivamos inmersos en el reino, aunque se haya cumplido en nosotros la realidad eterna del reino (mil años), crecemos al enfrentar batallas y tribulaciones.

Dios permite que satanás se atraviese en nuestras vidas para probarnos y hacernos madurar.

La expresión "satanás será soltado para engañar a las naciones", tiene que ver precisamente con esas pruebas que tenemos que pasar aunque seamos reyes y sacerdotes. Es por eso que el diablo es desatado por un corto tiempo en nuestro caminar con Dios para cumplir este propósito.

El Reino del Mesías es eterno, así fue profetizado que sería, de hecho, no está escrito en el concepto antiguo testamentario que el reinado del Mesías sería por un tiempo limitado de mil años.

En Jesús, están unidos los cielos y la tierra, y esta verdad se aplica en las dos dimensiones.

> *Y pondré a la coja como remanente, y a la descarriada como nación robusta; y Jehová reinará sobre ellos en el monte de Sion desde ahora y para siempre.*
>
> *Miqueas 4:7*
>
> *Y reinará sobre la casa de Jacob para siempre, y su reino no tendrá fin.*
>
> *Lucas 1:33*

En la Gematría Hebraica33, la expresión "Gog u Magog" (Gog y Magog) forma el número 70. Los sabios judíos interpretan esto como las 70 naciones gentiles que representan al mundo. Sin embargo, no dice que Dios va a reunir a las naciones para la batalla, sino a Gog y a Magog…..para Reunirlos para la batalla. Nótese que el masculino de "reunirlos" es la contraposición al femenino de naciones (neutro en griego).

Luego, si parafraseamos este pasaje de la Biblia, diría algo así:

"Fuera de las dimensiones del reino de Dios (1000 años), el diablo junto con Gog y Magog, actúa fuera de su prisión engañando a las naciones, pero Dios combatirá estos espíritus".

CONCLUSIÓN

Muchos son los temas que podemos abarcar acerca del Apocalipsis, los que me tomarían varios tomos para ahondar en cada uno de ellos. Algunos son muy profundos y requieren que, primero, aprendamos a digerir los ya mencionado en este libro.

El Reino de Dios no tiene fin, ni sus revelaciones, ni el Apocalipsis de sí mismo. A cada uno nos toca conocerlo a Él en la revelación de Su gloria. Nos toca descubrir cómo gobernar con Él y descubrir el territorio de nuestro reinado. Por lo tanto, este libro no puede tener fin, sino que es el primero de los que Dios me concede escribir así es que… CONTINUARÁ…

2.-BIENAVENTURANZA

> *Y me dijo: Estas palabras son fieles y verdaderas. Y el Señor, el Dios de los espíritus de los profetas, ha enviado su ángel, para mostrar a sus siervos las cosas que deben suceder pronto.*
>
> *¡He aquí, vengo pronto! Bienaventurado el que guarda las palabras de la profecía de este libro.*
>
> *He aquí yo vengo pronto, y mi galardón conmigo, para recompensar a cada uno según sea su obra.*

Yo soy el Alfa y la Omega, el principio y el fin, el primero y el último.

Bienaventurados los que lavan sus ropas, para tener derecho al árbol de la vida, y para entrar por las puertas en la ciudad. Mas los perros estarán fuera, y los hechiceros, los fornicarios, los homicidas, los idólatras, y todo aquel que ama y hace mentira. Yo Jesús he enviado mi ángel para daros testimonio de estas cosas en las iglesias. Yo soy la raíz y el linaje de David, la estrella resplandeciente de la mañana.

Y el Espíritu y la Esposa dicen: Ven. Y el que oye, diga: Ven. Y el que tiene sed, venga; y el que quiera, tome del agua de la vida gratuitamente.

Yo testifico a todo aquel que oye las palabras de la profecía de este libro: Si alguno añadiere a estas cosas, Dios traerá sobre él las plagas que están escritas en este libro.

Y si alguno quitare de las palabras del libro de esta profecía, Dios quitará su parte del libro de la vida, y de la santa ciudad y de las cosas que están escritas en este que da testimonio de estas cosas dice: Ciertamente vengo en breve. Amén; sí, ven, Señor Jesús.

La gracia de nuestro Señor Jesucristo sea con todos vosotros. Amén.

Apocalipsis 22:6-7 y 12-21

Dios te está invitando a ser Su Esposa, esto es, Su cuerpo, para vencer y gobernar junto con Él. El Señor tiene preparada una Revelación de Jesucristo única y preciosa para ti. Esta es la autoridad de tu reinado para que con ella, llames a un mundo perdido a beber de Él, quien es las verdaderas aguas de Vida.

Nosotros somos el Templo de Dios, la Ciudad del Dios vivo, nuestras puertas están de continuo abiertas para todo el que, lavando sus ropas, quiera entrar en ella. El Cordero es nuestra luz y con Él reinaremos por los siglos de los siglos. Si tienes, verdaderamente sed, ven y bebe de las aguas de Su reino, y quedarás satisfecho.

Amén

Notas

[38] Hebrew Glossary And Terminology Expository Glossary of Hebraic. (Glosario hebreo y Glosario de Terminología expositivo Hebraico). Términos usados en enseñanzas mesiánicas por Johann van Rooyen y Dennis Humphrey.

[39] Misma que pie de nota #16.

[40] Entre los hebreos tienen una ciencia llamada Gematría, en la que cada letra de su alfabeto tiene un número y, a su vez, estos números tienen una simbología digna de interpretar.

Sección IV:

Instrumentos que lo ayudarán a llegar a sus propias conclusiones

Instrumento 1
Palabras que desciben la presencia de Cristo y su segunda benida: Paruisia, Epifanía, y Erchomai

Dimos cuenta cómo éstas influencian nuestra forma de interpretar la Escritura. Fue revelador ver cómo los mismos diccionarios en español, inglés y otros idiomas tergiversan el significado de la palabra Apocalipsis. Ahora bien, con estas cuatro palabras nos volvemos a encontrar con el mismo dilema que, respectivamente, conforme a su significado se deben traducir como: Parusía -Presencia, Epifanía- resplandor, Erchomai-hizo su aparición o viniendo, y Apocalipsis revelación. Sin embargo, los diccionarios cristianos añaden al significado de cada una de ellas un paréntesis que dice (aplicado comúnmente a la segunda venida de Cristo). En un diccionario normal, este pensamiento no aparece.

Luego, al tratar de encontrar la revelación de la Escritura en nuestros diccionarios religiosos, innegablemente nos topamos con una frase que nos encajona en una cierta dirección: La segunda venida como un hecho único en el futuro. Estos eliminan la posibilidad de interpretar que Cristo, está ya en medio de nosotros y que ya juzgó el Antiguo Pacto.

Recordemos que Jesús le habló a los judíos y a ellos les prometió que volvería, primeramente en forma espiritual para hacer la morada de Dios en ellos y luego en forma de juicio para destruir el antiguo sistema de sacerdocio y vengar la sangre de todos los profetas muertos en Jerusalén.

Recordemos también que en ninguna parte del Antiguo testamento está dividida la venida del Mesías en carne en dos diferentes etapas, una para salvación y otra para reinar.

Estas son teologías que empezaron a hacerse populares a final de los 1800s.

Jesús vendrá, viene y está viniendo de muchas formas y apariciones. Analicemos, entonces, estas palabras con un espíritu enseñable y veamos qué nos puede estar queriendo decir Dios que tal vez no hayamos visto con claridad.

1a) Parusía (Parousia)[34] aparece 24 veces[35] en el Nuevo Testamento y en todas ellas quiere decir "estar cerca" o presencia. Es un sustantivo que, de ninguna manera, puede ser conjugado ni se relaciona con el verbo venir. Por lo tanto, tiene que ver con la presencia de Cristo que hoy podemos disfrutar. Jesús ha manifestado su presencia de muchas maneras, en su primera venida, lo hizo en carne, y en el Antiguo Testamento, lo hizo en su aparición como el Ángel del Señor. Desde su ascensión, hasta nuestros días, tenemos manifestaciones de su presencia en diferentes niveles, desde una atmósfera cargada de su Espíritu que se hace casi tangible, hasta apariciones totalmente visibles, en que muchos de nosotros le hemos llegado a ver.

Jesús, en su cuerpo glorificado, tiene muchas formas y su rostro se transforma de muchas maneras. Tenía forma de hortelano cuando se le apareció a María en la tumba y ella no lo reconoció. Tomó otra forma cuando iba con sus discípulos en el camino a Emaús y ellos tampoco le reconocieron. Él aparecía y desaparecía de en medio de ellos y atravesaba paredes. Juan lo vio de una manera caminando entre los candeleros, de otra vestido de sangre, montando un caballo blanco. Lo vio también como Cordero y como León.

Es importante saber esto, porque Él se está manifestando de muchas maneras a Su Iglesia y cada una de ellas es diferente.

En Su carne, Jesús estaba limitado a una forma física, pero en Su gloria, sus formas son infinitas. Veamos ahora esta misma palabra "Parousia" o "Parusía" cómo es usada refiriéndose a la presencia de Tito y de Pablo. Note que al usarse esta palabra no se refiere a una segunda venida de Cristo, como aluden los diccionarios religiosos, sino a la estadía de los Apóstoles, entre los hermanos.

> *Me regocijo con la **presencia (parousia)** de Estéfanas, de Fortunato y de Acaico, pues ellos han suplido vuestra ausencia.*
>
> 1 Corintios 16:17

> *Pero Dios, que consuela a los humildes, nos consoló con la presencia de Tito; y no sólo con **su presencia**, sino también con la consolación con que él había sido consolado en cuanto a vosotros, haciéndonos saber vuestro gran afecto, vuestro llanto, vuestra solicitud por mí, de manera que me regocijé aun más.*
>
> Corintios 7:6 y 7

> *Porque a la verdad, dicen, las cartas son duras y fuertes; mas **la presencia** (parousia) corporal débil, y la palabra menospreciable.*
>
> *2 Corintios 10:10*
>
> *para que abunde vuestra gloria de mí en Cristo Jesús por mi **presencia** (parousia) otra vez entre vosotros.*
>
> *Filipenses 1:26*
>
> *Por tanto, amados míos, como siempre habéis obedecido, no como en mi **presencia** (parousia) solamente, sino mucho más ahora en mi ausencia, ocupaos en vuestra salvación con temor y temblor...*
>
> *Filipenses 2:12*

Al estudiar todas las Escrituras donde aparece la palabra "Parousia" refiriéndose a Jesús, nos damos cuenta que, en la mayoría, se puede aplicar a Su presencia en medio de nosotros como apariciones, presencia intensa, la manifestación de sus juicios o al juicio que vino en el año 70, donde la manifestación de Su presencia juzgó el Antiguo pacto. Cosas maravillosas suceden cuando esperamos la manifestación de Su presencia en medio de nosotros, que nos transforma en Su Imagen cuando le vemos en Su gloria.

> *Porque el Señor es el Espíritu; y donde está el Espíritu del Señor, allí hay libertad. Por tanto, nosotros todos, mirando a cara descubierta como en un espejo la gloria del Señor, somos transformados de gloria en gloria en la misma imagen, como por el Espíritu del Señor.*
>
> *2 Corintios 3:17-18*

El libro de Malaquías nos exhorta a caminar con diligencia porque, súbitamente, Él viene y se manifiesta para limpiar a Su pueblo para que le sea levantada una ofrenda en Justicia. Y aquí no se refiere a la segunda venida, sino a momentos en que Dios interviene en medio de Su pueblo para ordenar nuestros caminos y para juzgar a nuestros enemigos, como lo hizo también en el año 70.

> He aquí, yo envío mi mensajero, el cual preparará el camino delante de mí; y vendrá súbitamente a su templo el Señor a quien vosotros buscáis, y el ángel del pacto, a quien deseáis vosotros. He aquí **viene,** ha dicho Jehová de los ejércitos. ¿Y quién podrá soportar el **tiempo de su venida?** ¿o quién podrá estar en pie cuando él se manifieste? Porque él es como fuego purificador, y como jabón de lavadores. Y se sentará para afinar y limpiar la plata; porque limpiará a los hijos de Leví, los afinará como a oro y como a plata, y traerán a Jehová ofrenda en justicia. Y será grata a Jehová la ofrenda de Judá y de Jerusalén, como en los días pasados, y como en los años antiguos. Y vendré a vosotros para juicio; y seré pronto testigo contra los hechiceros y adúlteros, contra los que juran mentira, y los que defraudan en su salario al jornalero, a la viuda y al huérfano, y los que hacen injusticia al extranjero, no teniendo temor de mí, dice Jehová de los ejércitos.
>
> Malaquías 3:1-5

En el griego, la palabra usada para presencia física es "prosopon"[36], la cual no aparece en ninguna de las escrituras a las que se les adjudica la segunda venida de Cristo.

1b) Epifanía (Epiphaneia)[37]

Esta palabra se refiere al resplandor de Su gloria y de Su santidad. Este es el brillo que se manifiesta en su rostro cuando Él actúa en juicio o en liberación. Es también sinónimo de la palabra "Lampo", que quiere decir, iluminar grandemente; y de la palabra "diaphanes", que significa transparencia o resplandor transparente.

Es la aparición visible y gloriosa de Cristo, desde un resplandor hasta una aparición visible. Es Su santidad refulgente que muestra la escoria de los corazones. Es el fuego consumidor que purifica y trae juicio.

> *Y entonces se manifestará aquel inicuo, a quien el Señor matará con el espíritu de su boca, y destruirá con el **resplandor (Epiphaneia) de su presencia (parousia)**...*
>
> 2 Tesalonicenses 2:8 Biblia Interlineal-griego

En el año 70, fue el resplandor de la Gloria de Dios que vino como un relámpago y destruyó toda la Antigua ciudad de Jerusalén.

En una aplicación para nuestros tiempos, este resplandor aparece cuando Dios juzga desde lo alto una ciudad o cuando desciende a iluminar el entendimiento de Su pueblo.

Para los que hemos vivido la guerra espiritual en altas dimensiones, este pasaje nos es muy claro. En mi libro "Guerra de Alto Nivel", hablo de lo que yo he llamado el Faro de Dios. Cada guerra es, en sí, un juicio en el cual Dios hace resplandecer su rostro con un brillo refulgente que saca todas las cosas a la luz para que sean juzgadas.

El mismo fuego que se manifiesta cuando peleamos, se vuelve hacia nosotros para purificarnos.

> *Porque no se apoderaron de la tierra por su espada, Ni su brazo los libró; Sino tu diestra, y tu brazo, **y la luz de tu rostro**, Porque te complaciste en ellos.*
>
> *Salmo 44:3*

> *¡Oh Jehová, Dios de los ejércitos, restáuranos! Haz **resplandecer** tu rostro, y seremos salvos.*
>
> *Salmo 80:19*

Es la Epifanía de Jesús, el resplandor de su rostro, el que nos ilumina y nos conduce a toda verdad espiritual.

> *Porque Dios, que mandó que de las tinieblas resplandeciese la luz, es el que **resplandeció** en nuestros corazones, para iluminación del conocimiento de la gloria de Dios en la faz de Jesucristo.*
>
> *2 Corintios 4:6*

A los que son intercesores, también esta presencia en que Jesús manifiesta su resplandor les es muy común. Los que amamos su Epifanía, somos los que nos santificamos y a los que Dios entrena en Su justicia para reinar con Él. La corona de la justicia está reservada a los que entienden los juicios de Su gobierno.

> *Por lo demás, me está guardada la corona de justicia, la cual me dará el Señor, juez justo, en aquel día; y no sólo a mí, sino también a todos los que aman su resplandor **(diaphanes)**.*
>
> *2 Timoteo 4:8*

Como vemos en estas Escrituras tampoco se refiere a una manifestación física de Cristo la cual es la palabra "prosopon" la cual ya vimos anteriormente.

1c) Apocalipsis (Apokalupsis)[38]. Esta palabra quiere decir revelación, iluminación, aparición. Es cuando el Padre o Jesús revelan, al corazón del hombre, algo concerniente a sí mismos. En el Apocalipsis, el cual es la revelación de Jesús, somos sumergidos en su ámbito profético para ver y entender Su carácter celestial y como Él actúa. Es cuando Él saca de lo secreto de sus tesoros y nos los trae a la luz. Es la revelación de las sentencias de todos sus juicios.

> *Entonces le respondió Jesús: Bienaventurado eres, Simón, hijo de Jonás, porque no te lo reveló (apokalupsis) carne ni sangre, sino mi Padre que está en los cielos.*
>
> *Mateo 16:17*

Es la revelación del conocimiento de Dios que llenará la tierra cómo las aguas cubren la mar. Es en la revelación de nuestro Mesías que encontramos todos los tesoros de Dios.

> *Para que sean consolados sus corazones, unidos en amor, hasta alcanzar todas las riquezas de pleno entendimiento, a fin de conocer el misterio de Dios el Padre, y de Cristo, en quien están escondidos todos los tesoros de la sabiduría y del conocimiento.*
>
> *Colosenses 2:2-3*

Esta Palabra aparece 43 veces en el Nuevo Testamento, siempre refiriendose a una revelación.

1d) Erchomai

Esta palabra la encontramos cuando la escritura se refiere a Jesús viniendo en las nubes. Para esto tenemos que entender lo que éstas significan. Al analizar este tema, quiero ampliar nuestro entendimiento para dar lugar a una revelación poderosa de la presencia de Jesús entre nosotros. Este tema fue tratado cuando analizamos las nubes.

Aquí es clave la palabra, "viniendo o venir", "erchomai" en el griego. Esta se encuentra en los manuscritos originales en un tiempo gramatical que no existe en español ni en inglés llamado "aoristo". Veamos una definición de este tiempo expresada por el catedrático en lenguas, Justo Fernández López:

"El aoristo expresa una duración que no tiene interés para el hablante, es a veces una duración tan breve que se reduce a un punto (aspecto puntual). El término griego aoristo significaba **'indefinido, ilimitado, sin límite de tiempo'**. Era originariamente algo así como el no-tiempo, el verbo sin directa traducción temporal, algo así como la eternidad o **"por los siglos de los siglos"**.[39]

El aoristo denota una acción como ocurriendo en el pasado, sin referencia a su progreso, sin expresar que la acción se ha completado. El aoristo simplemente presenta la acción sin referencia a su duración. El aoristo no expresa ni duración ni término, es indeterminado, indefinido". El aoristo definitivamente no es un tiempo en el futuro. Jesús estaba profetizando en este específico pasaje, que vendría para quedarse espiritual y eternamente en medio de Su pueblo.

> *Yo soy el Alfa y la Omega, principio y fin, dice el Señor, el que es y que era y que ha de venir, el Todopoderoso.*
>
> *Apocalipsis 1:8*

Ya que el tiempo Aoristo no existe en español, lo más cercano sería algo así como lo que el centurión le dijo a Jesús:

> *Porque también yo soy hombre bajo autoridad, y tengo bajo mis órdenes soldados; y digo a éste: Ve, y va; y al otro: Ven, y viene; y a mi siervo: Haz esto, y lo hace.*
>
> *Mateo 8:9*

Este "viene" usado aquí no tiene relación al tiempo. No es ni pasado, ni presente ni futuro. Lo mismo es en pasaje de Apocalipsis 1:8. La traducción más aproximada sería: El que es el que era y el que viene.

¿Cuando Viene? Continuamente.

Notas

[34] 3952. Del presente participio de 3918; un ser cercano, es decir, llegada (a menudo, el retorno, especialmente, de Cristo para castigar a Jerusalén, o, finalmente, los malos), (por implicación) físicamente, aspecto: - Si viene, la presencia. Traducción de Concordancia Bíblica Strong.

3918. De 3844 y 1510 (incluyendo sus diferentes formas); para estar cerca, es decir a la mano, participio presente neutro (en singular) ahora, o la propiedad (en plural): - ven, tener, estar aquí, la falta +, (estar aquí) presentes. Traducción de Concordancia Bíblica Strong.

[35] Mateo 24:3, 27, 37 39. 1 Cor. 15:23, 16:15-17 2 Cor. 7:6 y 7, 10:10, Fil. 1:26 y 2:12. 1 Tes. 2:19, 3:13, 4:15, 5:23. 2 Tes. 2:1, 2:8, 2:9. Sant. 5:7 y 8. 2 Pedro 1:16, 3:4, 3:12. 1 Juan 2:28

[36] 4383. El rostro físico de alguien o su persona. Alguien visto de frente. De 4314 y w‡y. El rostro, aspecto, apariencia, la superficie, por implicación, presencia, persona: - (hacia fuera) la apariencia, antes de x, rostro, cara, moda, (los hombres) persona, una presencia. Traducción de Concordancia Bíblica Strong.

[37] 2015. Manifestación, aparición, resplandor. De 2016. una manifestación, es decir, (especialmente) el advenimiento de Cristo (pasado o futuro): - que aparece, brillo. Traducción de Concordancia Bíblica Strong.

[38] 602. De 601; revelación: - aparece, viene, aligerar, la manifestación, ser revelado, revelación. Traducción de Concordancia Bíblica Strong.

[39] Hispanoteca, lengua y cultura - Foro de consultas- archivo.

Instrumento 2
"Los Tiempos Que Vivió la Iglesia Primitiva"

Jerusalén era la ciudad que mataba a los profetas de Dios desde la antigüedad. El colmo de su culpa se cumpliría al matar al Hijo de Dios. Este crimen, el más grande de toda la humanidad, traería sobre la ciudad de David el gran juicio de la ira de Dios. El Imperio Romano, unido a la iniquidad del pueblo judío de aquel tiempo, traerían sobre la naciente iglesia una gran persecución y muerte.

Durante el período de 10 emperadores romanos, los Cristianos fueron echados a ser devorados por los leones, crucificados y quemados como herejes. Convertirse a Jesús implicaba una muerte segura y una gran tribulación. Día a día, los nuevos creyentes enterraban a sus amados por docenas. La persecución y los conflictos entre los judíos culminaron en una guerra sin precedentes que empezó a mediados del año 66 y culminó con la destrucción de Jerusalén tres años y medio más tarde en el año 70.

Jesús habló a sus discípulos de estos tiempos difíciles que se avecinaban, pero los animó dejándoles saber que Él pondría fin a esa tribulación trayendo la manifestación de su justicia. La generación que lo habría de crucificar, ciertamente haría lamentación.

Desde el final del capítulo 23 de Mateo, vemos que Jesús está hablando de cómo la culpa de los padres tiene que llegar a su colmo; esto sucedería cuando Jehová vengara la sangre derramada en Jerusalén desde Abel hasta Zacarías, hijo de Baraquías. Estos profetas demarcan el período que está por ser juzgado, dando fin a la antigua era. Jesús hizo lamentación por la Jerusalén terrenal, la de Su tiempo, y anunció su desolación (Mateo 23:32-39). Después de esto en el capítulo 24 de Mateo, desglosa cómo sería esta destrucción.

El tema principal de este pasaje es la destrucción del Templo y de todo el sistema antiguo, para dar lugar al nuevo. Jesús no tiene que volver a juzgar y a destruir la Jerusalén terrenal, esto ya sucedió. Si ignoramos la historia y sólo estudiamos este capítulo de Mateo con la mentalidad preconcebida del fin del mundo en el futuro, estaremos cometiendo un grave error.

a) La destrucción de Jerusalén en la historia.[40]

"Conocemos los detalles de esta revuelta por el relato de Flavio Josefo, un jefe militar Judío Fariseo que, tras rendirse a los romanos en el 67, pasó a formar parte del séquito del general Tito, asistiendo al desarrollo de la campaña desde las filas romanas. Es por tanto un testimonio de excepción, de alguien que ha vivido el conflicto militar desde los 2 bandos. **La Primera Guerra Judeo-Romana,** también llamada **Gran Revuelta Judía,** fue la primera de las tres principales rebeliones de los judíos de la provincia de Judea contra el Imperio romano (guerras judeo-romanas), y tuvo lugar entre los años 66 y 73 D.C. Comenzó en el año 66, a causa de las tensiones religiosas entre griegos y judíos.

Terminó cuando las legiones romanas, comandadas por Tito, asediaron y destruyeron Jerusalén, saquearon e incendiaron el Templo de Jerusalén en el año 70 (tres años y medio de conflicto), demolieron las principales fortalezas judías (especialmente Masada, en el año 73), y esclavizaron o masacraron a gran parte de la población judía. (del 66 al 73 se cumplen 7 años de conflicto)".

b) El asedio y la caída de Jerusalén

El sitio y destrucción de Jerusalén por los Romanos, bajo el comando del Emperador Tito en el año 70 D.C. Óleo en tela por

David Roberts 1850.

El asedio de Jerusalén fue más duro de lo que Tito esperaba. Al no poder romper la defensa de la ciudad en un solo asalto, el ejército romano se vio obligado a sitiarla, estableciendo un campamento en las afueras.

La cercada Jerusalén carecía de agua y alimentos suficientes para todos los sitiados, tomando en cuenta que muchos centenares de peregrinos habían llegado en meses pasados para celebrar la Pascua judía, pero ahora los romanos les impedían por la fuerza salir de la ciudad, con el fin que estos peregrinos causaran mayor presión sobre la menguada existencia de provisiones.

Dentro de Jerusalén la gente moría por millares, de enfermedad y de hambre. Pero los revolucionarios judíos no estaban dispuestos a rendirse y arrojaban por encima de las murallas a aquellos pacifistas que les parecían sospechosos (Guerra de los judíos V, 362).

Algunos judíos queriendo escapar del asedio hacían convenios con los romanos desde los muros para que los dejaran escapar. Los romanos consentían en esto dejando a unos escapar y a otros los crucificaban en los mismos muros.

El uno era tomado y el otro dejado, lo que también sucedió en los campos, fuera de la ciudad.

Cumpliéndose así las profecías de Jesús.

Detalle del Arco de Tito que muestra los tesoros robados del Templo de Jerusalén (el candelabro de los Siete Brazos, la Mano de los Panes de Proposición, los rollos de la Ley y el velo del Santa Sanctorum 3).

Piedras escavadas pertenecientes al muro del 2o Templo en Jerusalén, derribadas por el ejército Romano. Esta calle está en la base del Templo que une los muros del occidente y el sur. Su acceso está determinado por el Centro Arqueológico Davidson en Jerusalén, Israel.

En el verano del año 70 los romanos, tras lograr romper las murallas de Jerusalén, entraron y saquearon la ciudad. Atacaron, en primer lugar, la fortaleza Antonia y, seguidamente, ocuparon el Templo, que fue incendiado y destruido el día 9 del mes judío de AV del mismo año; al mes siguiente cayó la ciudadela de Herodes."

Notas

[40] Wikipedia. "Primera Guerra Judeo-Romana, sitio de Jerusalén".

Instrumento 3
"Las Señales de Fin"

La destrucción, junto con el Templo, las guerras que enfrentarían la horrible tribulación de aquel tiempo, fue un tema del cual habló Jesús a sus discípulos; y les instruyó acerca de las señales que debían esperar. En Mateo 24, Jesús habla de cómo sería la manifestación física de este dramático juicio y, en el Apocalipsis, le revela a Juan cómo sería desde la perspectiva celestial. Entonces es importante analizar los hechos desde estos dos puntos de vista para entender lo que Jesús quiso decir.

Para entender las profecías de Jesús es necesario entender que el ministerio de Jesús mientras estuvo en la tierra fue a los Judíos únicamente. Luego lo que el les habló acerca del fin de la era y de la destrucción del templo y de la ciudad se refirió a lo que sucedería mientras esa generación estaba viva. Él no sabía el día ni la hora, que el Padre había determinado para este fin, el cual ocurrió apenas 37 años después que lo profetizó, en el año 70.

Si no entendemos que Mateo, Marcos, Lucas y Juan son el cumplimiento de toda la profecía Mesiánica del Antiguo Testamento, y los hacemos parte del Nuevo Testamento, estamos cambiando todo el sentido de lo que Jesús vino hacer.

El terminó su obra, y no tiene que volver a edificar el Templo para volverlo a destruir, simplemente porque pusieron la página del Nuevo Testamento en el lugar incorrecto.

El Nuevo Testamento debe empezar cuando el Evangelio entra a los Gentiles, esto es cuando Cornelio recibe el Espíritu Santo.

Si separamos a Jesús del cumplimiento del Antiguo Testamento, no lo estamos reconociendo como el Mesías DE ISRAEL, estamos haciendo una separación entre el Judaísmo y el Cristianismo.

Mis Amados esto es un gran error.

JESUS ES EL MESÍAS DE ISRAEL Y QUIEN CIERRA EL CICLO DE LA HISTORIA PARA EMPEZAR DESPUÉS DE SU ASCENCIÓN UN NUEVO CAPÍTULO EN LA HUMANIDAD.

ANÁLISIS DE MATEO 24 A PARTIR DE LA BIBLIA TEXTUAL INTERLINEAL DEL ORIGINAL GRIEGO.

El tema principal de ese pasaje es la destrucción del Templo y de todo el sistema antiguo, para dar lugar al nuevo. Mateo 24, contiene en sí mismo varios temas dignos de analizar en profundidad, los cuales hemos analizado en capítulos anteriores. Ahora, lo veremos en su forma genérica.

> *Cuando Jesús salió del templo y se iba, se acercaron sus discípulos para mostrarle los edificios del templo. Respondiendo él, les dijo: ¿Veis todo esto? De cierto os digo, que no quedará aquí piedra sobre piedra, que no sea derribada. Y estando él sentado en el monte de los Olivos, los discípulos se le acercaron en privado, diciendo:*

Dinos, ¿cuándo serán estas cosas, y qué señal habrá de tu presencia (parousia[41]) y de la consumación de la era42 (aion)?

Mateo 24:1:3

Los discípulos, queriendo saber cuándo terminaría esa era, le hacen esta pregunta. Aquí, la presencia de Jesús no es una segunda venida física de Cristo, como muchos lo han interpretado, sino la manifestación de Su justicia. Jesús tenía que juzgar en la Jerusalén de su tiempo la muerte de todos los profetas y el colmo de la maldad establecido en todo ese sistema religioso. Al estudiar la palabra "parousia" nos dimos cuenta, que no se refiere a la presencia física de su segunda venida, sino a la manifestación de Su presencia. Él no se apareció en carne, pero su presencia se manifestó en juicio.

Dios quiere que abramos nuestro espíritu para entender que Él profetizó diferentes formas en que se manifestaría su venida después de Su ascensión, las cuales hemos analizado profundamente con las escrituras. Luego les habla de cómo se manifestaría ese momento en que Dios actuaría en su ira asolando la ciudad. El Reino de Dios se manifestaría y quedaría establecido al Dios juzgar la antigua era.

Respondiendo Jesús, les dijo: Mirad que nadie os engañe. Porque vendrán muchos en mi nombre, diciendo: Yo soy el Cristo; y a muchos engañarán. Y oiréis de guerras y rumores de guerras; mirad que no os turbéis, porque es necesario que todo esto acontezca; pero aún no es el fin.

> *Porque se levantará nación contra nación, y reino contra reino; y habrá pestes, y hambres, y terremotos en diferentes lugares. Y todo esto será principio de dolores.* ***Entonces os entregarán a tribulación, y os matarán,*** *y seréis aborrecidos de todas las gentes por causa de mi nombre.*
>
> Mateo 24:4-9

Desde los tiempos de los Hechos de los Apóstoles, los cristianos fueron perseguidos y muertos, como lo mencioné anteriormente. A esto, se añadieron las guerras internas en que estaban envueltos los judíos que venían de diversas partes de la tierra. El mismo Juan menciona esta tribulación en el año 6743, cuando escribe el Apocalipsis.

> *Yo Juan, vuestro hermano, y copartícipe vuestro en la tribulación, en el reino y en la paciencia de Jesucristo, estaba en la isla llamada Patmos, por causa de la palabra de Dios y el testimonio de Jesucristo.*
>
> Apocalipsis 1:9

Jesús, después de la resurrección, tomó el trono y se sentó como Señor de señores. Pero el Padre establece un tiempo, mencionado en el Nuevo Testamento, como el "tiempo de la paciencia de Jesucristo" (1 Pedro 3:20), en el cual él da la oportunidad de salvación a todos los Judíos antes de desatar el juicio que destruiría la antigua Jerusalén.

> *Muchos tropezarán entonces, y se entregarán unos a otros, y unos a otros se aborrecerán. Y muchos falsos profetas se levantarán, y engañarán a muchos; y por haberse multiplicado la maldad, el amor de muchos se enfriará.*

Mas el que persevere hasta el fin⁴⁴ (telos, tiempo señalado), éste será salvo. Y será predicado este evangelio del reino en toda la tierra habitada, para testimonio a todas las naciones; y entonces vendrá el fin de la era.

Mateo 24:10-14

Aquí tenemos dos conjuntos de palabras interesantes que analizar. La primera es "Toda la tierra habitada"; éstas, en el original griego, son las palabras: "eis" y "oikoumene"[45], que quieren decir, un territorio o una porción del globo. También se usaban para determinar el territorio del imperio Romano. Por eso, Pablo escribe de esta manera a los Romanos:

Pero digo: ¿No han oído? Antes bien, Por toda la tierra ha salido la voz de ellos, **Y hasta los fines de la tierra sus palabras.**

Romanos 10:18

Que ha llegado hasta vosotros, así como **a todo el mundo,** *y lleva fruto y crece también en vosotros, desde el día que oísteis y conocisteis la gracia de Dios en verdad...*

Colosenses 1:6

Aquí, Jesús no estaba hablando en el contexto de la predicación del evangelio a toda la tierra, su ministerio fue únicamente a los judíos. El estaba refiriéndose al territorio donde vendría el juicio, esto es, sobre el Imperio Romano y sobre el Antiguo pacto.

> *Por tanto, cuando veáis en el lugar santo la abominación desoladora de que habló el profeta Daniel (el que lee, entienda)...*
>
> *Mateo 24:15*

En éste versículo de Mateo, Jesús quiere que entendamos lo que es esta abominación, y no solamente aplicarle un cumplimiento histórico único y aislado a la palabra profética. Cuando Daniel interpretó el sueño de Nabucodonosor, vio una gran estatua formada por cuatro imperios: el Babilónico, el Medo-Persa, el Griego y el Romano. En otra de sus visiones, vuelve a ver estos mismos reinos representados por cuatro bestias, los cuales vinieron y conquistaron a Israel.

La abominación desoladora sucede en tres de estos imperios.

1. Ezequiel ve la estatua de Tamúz en el lugar Santo y abominaciones escritas en los muros del Templo. (Ezequiel 8).

2. En el año 164 A.C., Antiochus IV Epiphanes, Emperador griego cuyo nombre significa dios manifestado, ordenó la profanación del Templo de Jerusalén. Mandó que se pusiese una estatua de Zeus en el Lugar Santísimo y sacrificó en el altar cosas abominables tales como un cerdo.

3. Después, en el año 70 D.C., cuando los Romanos conquistaron Jerusalén, los soldados paganos penetraron el templo y el lugar Santísimo, destruyendo los ornamentos y utensilios sagrados. En su lugar, pusieron los símbolos y estandartes del Emperador.

Algunos teólogos aluden a que, en ese momento, se cumplió la abominación desoladora, ya que, según la ley Judía, nada impuro podía penetrar el templo y menos el Lugar Santísimo.

Vemos en estos sucesos una constante, en la cual el Templo es profanado por impíos que ponen sus ídolos y hacen cosas abominables.

En mi opinión, Jesús estaba hablando no de un solo hecho, sino de un patrón repetitivo que llegaba a su fin en la destrucción de Jerusalén. En la interpretación que Daniel hace de esta estatua soñada por el rey Nabucodonosor, Jesús es la roca que él ve salir del cielo y que destruye la estatua golpeándola en los pies de hierro y barro, símbolos de Roma.

> *Estabas mirando, hasta que una piedra fue cortada, no con mano, e hirió a la imagen en sus pies de hierro y de barro cocido, y los desmenuzó. Entonces fueron desmenuzados también el hierro, el barro cocido, el bronce, la plata y el oro, y fueron como tamo de las eras del verano, y se los llevó el viento sin que de ellos quedara rastro alguno.* **Mas la piedra que hirió** *a la imagen fue hecha* **un gran monte que llenó toda la tierra.**
>
> Daniel 2:34-35

Juan, en las visiones del Apocalipsis, ve el cumplimiento celestial de ese momento cuando describe la caída de la gran Babilonia, que es el compendio de estos cuatro imperios. El Monte de Sión del cual proviene Jesús, llena toda la tierra y el Reino de Dios se establece en Justicia.

> *Y un ángel poderoso tomó una piedra, como una gran piedra de molino, y la arrojó en el mar, diciendo: Con el mismo ímpetu será derribada Babilonia, la gran ciudad, y nunca más será hallada.*
>
> *Apocalipsis 18:21*

El monte de Sión es el gobierno de Dios establecido en la tierra, es El Reino que es sobre todo reino y el monte que es sobre todo monte. Este fue establecido al caer el Imperio Romano, y el antiguo sistema sacerdotal que se había prostituido, y a quién Jesús llamó la Gran Ramera.

Por eso está escrito que nos hemos acercado al Monte de Sión, no al monte físico en Israel, sino al celestial, el cual cubre toda la tierra.

> *sino que os habéis acercado al monte de Sion, a la ciudad del Dios vivo, Jerusalén la celestial, a la compañía de muchos millares de ángeles...*
>
> *Hebreos 12:22*

Volvamos ahora a nuestro estudio de Mateo 24, donde Jesús les anuncia cómo iba a ser la huida que tendrían que efectuar.

a) La Huida

Históricamente es sabido que la iglesia del siglo primero huyó a los montes para salvar sus vidas, cuando Jerusalén fue conquistada, haciendo caso de la advertencia de Jesús.

> *entonces los que estén en Judea, huyan a los montes. El que esté en la azotea, no descienda para tomar algo de su casa; y el que esté en el campo, no vuelva atrás para tomar su capa. Mas ¡ay de las que estén encintas, y de*

*las que críen en aquellos días! Orad, pues, que vuestra huida no sea en invierno ni **en día de reposo**...*

Mateo 24:16-20

El hecho que haga alusión al día de reposo nos hace ver, claramente, que se refería a los Judíos de su época y no a la Iglesia formada de judíos y gentiles. Para la Iglesia actual, la del Espíritu, el día de reposo no es un día del calendario, sino Jesús mismo es nuestro Sabbat.

Por tanto, nadie os juzgue en comida o en bebida, o en cuanto a días de fiesta, luna nueva o días de reposo, todo lo cual es sombra de lo que ha de venir; pero el cuerpo es de Cristo.

Colosenses 2:16-17

La huida, no la podemos situar veintiún siglos después, cuando el día de reposo no es guardado por la iglesia no judía, ni forma parte de la doctrina neo testamentaria enseñada a los gentiles. Cuando Jesús llevaba a cuestas la cruz, habló a las mujeres que lloraban por Él, acerca de esta huida que tendrían que enfrentar.

Pero Jesús, vuelto hacia ellas, les dijo: Hijas de Jerusalén, no lloréis por mí, sino llorad por vosotras mismas y por vuestros hijos. Porque he aquí vendrán días en que dirán: Bienaventuradas las estériles, y los vientres que no concibieron, y los pechos que no criaron.

Lucas 23:28-29

No se estaba refiriendo a otras mujeres veintiún siglos después, sino a las que lloraban en ese momento, porque Él sabía la destrucción que vendría y lo difícil que iba a ser para ellas huir en esas condiciones.

> *porque habrá entonces gran tribulación, cual no la ha habido desde el principio del mundo hasta ahora, ni la habrá.*
>
> *Mateo 24:21*

Jesús se refirió a ese periodo que vendría entre su resurrección y la caída de Jerusalén. A este periodo se le denomina, históricamente, como las guerras de los judíos y las persecuciones de los Cristianos.

> *Y si aquellos días no fuesen acortados, nadie sería salvo; mas por causa de los escogidos, aquellos días serán acortados. Entonces, si alguno os dijere: Mirad, aquí está el Cristo, o mirad, allí está, no lo creáis. Porque se levantarán falsos Cristos, y falsos profetas, y harán grandes señales y prodigios, de tal manera que engañarán, si fuere posible, aun a los escogidos. Ya os lo he dicho antes. Así que, si os dijeren: Mirad, está en el desierto, no salgáis; o mirad, está en los aposentos, no lo creáis. Porque como el relámpago que sale del oriente y se muestra hasta el occidente, así será también la presencia (Parousia) del Hijo del Hombre.*
>
> *Mateo 24:22 - 27*

La palabra "presencia" (parousia) en el verso 27, es la misma que en el 24:3, donde Jesús está hablando de la manifestación de su justicia, no de una aparición física. La comparación que Jesús pretende hacer no es la de la velocidad súbita de un relámpago, sino la de la luz que ilumina todo el cielo en medio de la oscuridad de la tormenta. Él está hablando de la influencia de su presencia (parousia), trayendo iluminación a la conciencia, como la luz de un relámpago alumbra todo el celaje.

Jesús está explicando que su justicia manifestada a través de Su presencia no era algo privado o escondido, sino notorio en la historia de Israel. Está aclarando que Él no lo hará como los falsos cristos que se esconden en el desierto y en sus cámaras secretas, sino que su luz influenciará grandemente y alumbrará a toda la humanidad. En el versículo paralelo a éste en Lucas 17:24, la Biblia textual dice:

> *Porque como el relámpago que al resplandecer brilla de un extremo al otro del cielo y es el lugar donde se juntan el cielo y la tierra, así será el Hijo del Hombre.*

Este versículo afirma lo que Pablo dice acerca de la unión de los cielos y la tierra en Jesús. Esta es la esencia viva del Reino que nos abre las dimensiones celestiales que están dentro de Él.

> *Porque dondequiera que estuviere el cuerpo muerto, allí se juntarán las águilas.*
>
> Mateo 24:28

Esto se refiere a la gran mortandad que vendría. Según los recuentos de Flavio Josefo los cadáveres se apilaban por millares, en las calles de Jerusalén. Las águilas son símbolo en este caso de los ejércitos romanos. Los judíos que quedaron en Israel se refugiaron en la fortaleza de Masada, donde cometieron un suicidio masivo, antes que rendirse a Roma.

> *E inmediatamente después de la tribulación de aquellos días, el sol se oscurecerá, y la luna no dará su resplandor, y las estrellas caerán del cielo, y las potencias de los cielos serán conmovidas.*
>
> Mateo 24:29

Este pasaje es paralelo al de 2 Pedro 3:9 y 10 que estudiamos anteriormente. El ejército de los cielos, representado por los astros en las civilizaciones paganas y las estructuras de este mundo, fueron juzgadas para dar lugar a la era nueva del gobierno de Cristo.

b) Jesús viene en las nubes.

*Entonces aparecerá la señal del Hijo del Hombre en el cielo; y entonces lamentarán todas las tribus del territorio (ghay)[46], y verán al Hijo del Hombre **viniendo (erchomai)**[47] sobre las nubes del cielo, con poder y gran gloria.   Mateo 24:30*

Recordemos que, al principio de este capítulo, Jesús une "La señal de su venida" con el fin de la era. Vamos entonces primero a analizar la palabra "viniendo" ya que la palabra nubes la analizamos en el capítulo 13. Aquí es clave la palabra "viniendo o venir", "erchomai" en el griego. Esta se encuentra en los manuscritos originales en un tiempo gramatical que no existe en español ni en inglés llamado "aoristo". Esta palabra la analizamos en el Instrumento 1.

El aoristo definitivamente no es un tiempo en el futuro. Jesús estaba profetizando, en este específico pasaje, que Él vendría para quedarse espiritual y eternamente en medio de Su pueblo. En otras palabras, aquí se está hablando de una manifestación de Cristo en la cual Él hace radiar Su gloria y Su gran poder ilimitadamente desde la eternidad, con el fin de juzgar la iniquidad que daría fin a esa era. A partir de ese momento, Jesús está ilimitadamente, y por los siglos de los siglos, manifestándose en la vida de Su Iglesia y llevando a sus enemigos al estrado de sus pies.

Porque donde están dos o tres congregados en mi nombre, allí estoy yo en medio de ellos.

Mateo 18:20

Recordemos que en ninguna parte del Antiguo Testamento, están profetizadas dos venidas del Mesías en carne. Jesús ni hizo, ni dijo nada que no estuviese primero escrito en las Escrituras. Él específicamente señaló que Su Reino no era de este mundo.

Este pasaje es paralelo a Apocalipsis 1:7

He aquí que viene (erchomai) con las nubes, y todo ojo le verá, y los que le traspasaron; y todos los linajes de la tierra harán lamentación por él. Sí, amén.

El ángel del Señor le está anunciando a su pueblo, a través de Juan, que Jesús estaba pronto a manifestar Su gloria viniendo a juzgar a aquellos que lo habían traspasado y a los que estaban asesinando a todos los hermanos. Estas eran nuevas de gran gozo para la iglesia, que vivía en gran tribulación. Jesús estaba citando el pasaje profetizado por Zacarías.

Y derramaré sobre la casa de David, y sobre los moradores de Jerusalén, espíritu de gracia y de oración; y mirarán a mí, a quien traspasaron, y llorarán como se llora por hijo unigénito, afligiéndose por él como quien se aflige por el primogénito.

Zacarías 12:10

Todo este pasaje de Zacarías habla de la lamentación que vendría cuando Jerusalén fuera destruida en el año 70. Jesús no estaba hablando de judíos inocentes veintiún siglos después, se refería a aquellos que literalmente lo traspasaron.

En sentido espiritual, también se aplica a nosotros cuando experimentamos su "erchomai", el momento puntual en que la eternidad se manifestó en nuestras vidas. Cuando Cristo viene a nosotros y revela a nuestro corazón su padecimiento en la cruz, el Espíritu Santo nos convence de pecado y, necesariamente, hacemos lamentación por Él, al darnos cuenta que nosotros mismos lo traspasamos con nuestras iniquidades.

c) Las nubes

Dediqué el capítulo 13 a este tema que es de radical importancia. Por lo pronto, en el análisis de Mateo 24, mantengamos la idea de que Jesús está hablando de una manifestación de su presencia que pondría fin al Templo de Jerusalén y a la antigua era.

De la misma manera que se manifestó Jehová para juzgar a Egipto apareciendo en una columna de nube y de fuego, ahora se manifestaría para juzgar el sistema babilónico que había corrompido todo el orden sacerdotal en el Antiguo testamento.

> *Y enviará sus ángeles con gran voz de trompeta, y juntarán a sus escogidos, de los cuatro vientos, desde un extremo del cielo hasta el otro.*
>
> *De la higuera aprended la parábola: Cuando ya su rama está tierna, y brotan las hojas, sabéis que el verano está cerca.*
>
> *Así también vosotros, cuando veáis todas estas cosas, conoced que está cerca, a las puertas.*

De cierto os digo, que no pasará esta generación hasta que todo esto acontezca.

El cielo y la tierra pasarán, pero mis palabras no pasarán.

Mateo 24:31-35

Jesús le está hablando a ESA GENERACIÓN que experimentaría la persecución, los conflictos entre los judíos y la intensa guerra del año 66 y el sitio de Jerusalén. No a una generación dos mil años después. Una generación bíblicamente son 40 años. Les estaba hablando a ellos. Los estaba preparando para lo que iban a tener que pasar. Pone en ellos un sentido de urgencia, que lo vemos repetirse una y otra vez en los primeros tres capítulos del Apocalipsis: "lo que ha de suceder pronto", "he aquí vengo pronto", "Estoy a la puerta y llamo". El tiempo apremiaba y debían apurarse a predicar a diestra y a siniestra porque muchos se perderían.

Pero del día y la hora nadie sabe, ni aun los ángeles de los cielos, sino sólo mi Padre. Mas como en los días de Noé, así será la venida del Hijo del Hombre. Porque como en los días antes del diluvio estaban comiendo y bebiendo, casándose y dando en casamiento, hasta el día en que Noé entró en el arca...

y no entendieron hasta que vino el diluvio y se los llevó a todos, así será también la presencia (parousia) del Hijo del Hombre.

Mateo 24:36-39

Estos versículos, nos hablan de la falta de reverencia y de la incredulidad del pueblo de Israel hacía las palabras de su Mesías. Al igual que Noé no fue escuchado, sino que cada quien hacía lo que le venía en gana, así también respondería el pueblo Judío ante las palabras de Jesús.

> *Entonces estarán dos en el campo; el uno será tomado, y el otro será dejado. Dos mujeres estarán moliendo en un molino; la una será tomada, y la otra será dejada.*
>
> *Mateo 24:40-41*

Algunos judíos queriendo escapar del asedio hacían convenios con los Romanos desde los muros para que los dejaran escapar. Los Romanos consentían en esto dejándo a unos escapar y a otros los crucificaban en los mismos muros.

El uno era tomado y el otro dejado, lo que también sucediá en los campos, fuera de la ciudad.

Jesús estaba citando la profecía de Zacarías en que la mitad de los ciudadanos serían tomados cautivos y el resto no.

> *Porque yo reuniré a todas las naciones para combatir contra Jerusalén; y la ciudad será tomada, y serán saqueadas las casas, y violadas las mujeres; y la mitad de la ciudad irá en cautiverio, mas el resto del pueblo no será cortado de la ciudad.*
>
> *Zacarías 14:2*

Toda la profesía de Jesús es coherente y se tiene que confirmar con el antiguo testamento, porque es Él mismo el que profetizó de sí mismo por medio de los profetas.

> *Los profetas que profetizaron de la gracia destinada a vosotros, inquirieron y diligentemente indagaron acerca de esta salvación, escudriñando qué persona y qué tiempo indicaba el **Espíritu de Cristo que estaba en ellos**, el cual anunciaba de antemano los sufrimientos de Cristo, y las glorias que vendrían tras ellos.*
>
> 1 Pedro 1:10-11

En el Antiguo Testamento no hay ningún pasaje en el que se vea al Mesías, desapareciendo a nadie del planeta. Como muchos han interpretado esta escritura. Estimo necesario y le exhorto a considerar al que profetizó todas las cosas, el cual es Cristo, para llegar a una conclusión verás de lo que Él nos habló.

> *Velad, pues, porque no sabéis a qué hora ha de venir (erchomai) vuestro Señor.*
>
> Mateo 24:42

Verbo conjugado en aoristo que nos vuelve a indicar la presencia sorpresiva y eterna en que vendría el Señor en aquel tiempo.

> *Pero sabed esto, que si el padre de familia supiese a qué hora el ladrón habría de venir, velaría, y no dejaría minar su casa. Por tanto, también vosotros estad preparados; porque el Hijo del Hombre vendrá (erchomai) a la hora que no pensáis. ¿Quién es, pues, el siervo fiel y prudente, al cual puso su señor sobre su casa para que les dé el alimento a tiempo? Bienaventurado aquel siervo al cual, cuando su señor venga, le halle haciendo así. De cierto os digo que sobre todos sus bienes le pondrá. Pero si aquel siervo malo dijere en su corazón:*

> *Mi señor tarda en venir; y comenzare a golpear a sus consiervos, y aun a comer y a beber con los borrachos, vendrá el señor de aquel siervo en día que éste no espera, y a la hora que no sabe, y lo castigará duramente, y pondrá su parte con los hipócritas; allí será el lloro y el crujir de dientes (Y será predicado este evangelio del reino en todo el mundo, para testimonio a todas las naciones; y entonces vendrá el fin).*
>
> Mateo 24:43-51

La segunda parte del versículo 51 no aparece en los originales. Estos versículos que exhortaron a la Iglesia del siglo primero, considero también que están vivos para nosotros como un principio fundamental de nuestra vida espiritual. Jesús siempre vendrá a nosotros, en su presencia manifestada en nuestros corazones, en apariciones gloriosas de su persona.

> *No os dejaré huérfanos; vendré a vosotros. Todavía un poco, y el mundo no me verá más; pero vosotros me veréis; porque yo vivo, vosotros también viviréis. En aquel día vosotros conoceréis que yo estoy en mi Padre, y vosotros en mí, y yo en vosotros.*
>
> Juan 14:18-20

Cuando Jesús habló estas palabras, él estaba físicamente en la tierra y, por lo tanto, no podía vivir en los corazones de los creyentes. Él estaba anunciándoles que vendría a habitar en medio de nosotros. Que su presencia (parousia) viviría en sus corazones. A Pablo le dijo cuando se apareció a él que vendría muchas veces a él de esta manera. Y así lo ha hecho con muchas personas que hemos tenido el privilegio inmerecido de verlo frente a nosotros.

Pero levántate, y ponte sobre tus pies; porque para esto he aparecido a ti, para ponerte por ministro y testigo de las cosas que has visto, y de aquellas en que me apareceré[48] a ti...

Hechos 26:16

Notas

[41] 3952. parousia, es decir, advenimiento, estar cerca, venida, presencia. 3918: Estar cerca, estar aquí, carente. Traducción de Concordancia Bíblica Strong.

[42] 165. Propiamente, una era, por extensión, perpetuamente. Época, curso, eterno (comienzo de, sin fin). Comparable 5550. Traducción de Concordancia Bíblica Strong.

[43] Algunos piensan que el Apocalipsis se escribió en el año 95 D.C., pero esta teoría cae por sí sola ya que el Templo fue destruido en el año 70 y el capítulo 11 predice su destrucción. Teorías más acertadas lo sitúan entre el 64 y el 67 D.C., lo cual es mucho más lógico por el contenido del libro.

[44] 5056. (Tello punto definido o meta. El punto determinado como límite, por implicación el fin de un acto o de un estado. Traducción de Concordancia Bíblica Strong.

[45] 1519. Territorio o parte del globo terráqueo, específicamente se refiere al Imperio Romano. Traducción de Concordancia Bíblica Strong.

[46] 1093. Extraída de la raíz de una palabra, por extensión a una región. Parte sólida o completo de un globo terráqueo, incluyendo los ocupantes en cada aplicación. País, suelo, tierra, mundo. Traducción de Concordancia Bíblica Strong.

[47] 2064. Voz media de un verbo primario (usado sólo en presente y en tiempos imperfectos). Traducción de Concordancia Bíblica Strong.

[48] 3700. (optanomai). Apariencia, imagen, pinta, mirar, ver, mostrarse. Traducción de Concordancia Bíblica Strong.

Instrumento 4
"El Orden del Apocalipsis"

Quiero proponer el orden que a mí me parece más lógico para entender el Apocalipsis. Como dije anteriormente, este no es un libro cronológico. Los juicios y escenas celestiales están ocurriendo simultáneamente en el ámbito atemporal de Dios. También quiero recordarle que cuando se hizo el Canon, las diferentes partes del Apocalipsis no estaban en orden. Fueron los hombres los que establecieron los capítulos y sus títulos.

Algunos de estos están puestos conforme a la interpretación que ellos quisieron darles y, al leerlos, obligan al lector a una determinada interpretación. Estos títulos no forman parte de la Palabra revelada por Dios.

Este orden es tan sólo una sugerencia, en ninguna manera, una imposición o una verdad inamovible.

-Capítulo 1: La revelación de Jesucristo.

-Capítulos 2 y 3: El mensaje a las siete Iglesias.

-Capítulo 4: La visión Celestial.

-Capítulo 5: El León y el Cordero.

-Capítulo 6: Los siete sellos.

-Capítulo 7: Los sellados y la gran multitud .

-Capítulo 8: Las siete trompetas.

-Capítulo 9: Continúan las trompetas.

-Capítulo 10: Los dos olivos y la ira de Dios (el 11 en la Biblia).

-Capítulo 11: La mujer y el dragón (el 12 en la Biblia).

-Capítulo 12: El dragón y las dos bestias (el 13 en la Biblia).

-Capítulo 13: El Juicio de Babilonia (el 17 en la Biblia).

-Capítulo 14: Continúa el Juicio de Babilonia (el 18 en la Biblia).

-Capítulo 15: El Cántico nuevo de los 144 mil, los tres ángeles, el gran lagar (el 14 en la Biblia).

-Capítulo 16: Las siete plagas (el 15 en la Biblia).

-Capítulo 17: Las siete copas de la ira (el 16 en la Biblia).

-Capítulo 18: El Reino y la Esposa establecidos desde el cielo (el 19 en la Biblia).

-Capítulo 19: La nueva Jerusalén, la esposa de Cristo (el 21 en la Biblia).

-Capítulo 20: Continúa la descripción de la nueva Jerusalén hasta el verso. 5 (el 22 en la Biblia).

-Capítulo 21: El reino es espiritual y satanás no lo puede tocar. (el 20 en la Biblia hasta el verso 10).

-Capítulo 22: El juicio final (el 20 en la biblia a partir del verso 11).

-Capítulo 23: El ángel y el librito y el epílogo (el 10 y el 22:6-21 en la Biblia).

Si este libro te gustó, te recomendamos también

El Fin De Una Era

Regiones de Cautividad

El Oscuro Secreto de G.A.D.U.

Pharmakeia

www.vozdelaluz.com

Participa en nuestro cursos en vivo y en

On Demand

entrenamientoavanzado.votlm.com

Visítanos en Frecuencias de Gloria TV
Síguenos en Facebook en Twitter

www.frecuenciasdegloriatv.com

https://m.facebook.com/AnaMendezFerrellPaginaOficial/

https://twitter.com/AnaMendezF

Contactenos en:

Ministerio Voz De La Luz
P.O. Box 3418
Ponte Vedra, FL. 32004 USA
904-834-2447

www.vozdelaluz.com

www.ingramcontent.com/pod-product-compliance
Lightning Source LLC
Chambersburg PA
CBHW071143160426
43196CB00011B/1992